群星
GREAT TALENTS
罗澍伟 主编

陈省身

张国 著

张伟平 审定

阅读天津
HOW TO READ TIANJIN

天津出版传媒集团
天津教育出版社

图书在版编目（CIP）数据

陈省身：造化爱几何 / 张国著 . -- 天津：天津教育出版社，2024.1
（阅读天津 / 罗澍伟主编 . 群星）
ISBN 978-7-5309-9020-9

Ⅰ . ①陈… Ⅱ . ①张… Ⅲ . ①陈省身 - 传记 Ⅳ . ① K826.11

中国国家版本馆 CIP 数据核字 (2023) 第 225079 号

陈省身：造化爱几何

CHEN XINGSHEN: ZAOHUA AI JIHE

出　　版	天津教育出版社
出 版 人	黄　沛
地　　址	天津市和平区西康路 35 号
邮购电话	（022）23332417
策　　划	纪秀荣　王铁冰
责任编辑	曾　萱
装帧设计	世纪坐标　明轩文化
美术编辑	丁莘苡　汤　磊
印　　刷	天津海顺印业包装有限公司
经　　销	新华书店
开　　本	787 毫米 ×1092 毫米　1/32
印　　张	8.5
字　　数	80 千字
版次印次	2024 年 1 月第 1 版　第 1 次印刷
定　　价	68.00 元

“阅读天津（第二辑）· 群星”编委会

阅读天津 · 群星

HOW TO READ TIANJIN

GREAT TALENTS

主编的话

罗澍伟

天津，群星璀璨，人才辈出，他们用炽热的生命，书写了这座城市的骄傲与自豪。

天津是中国北方最早和最大的沿海开放城市，惟其“早”，在中西文明的碰撞中，引领了潮流和时尚；惟其“大”，海河五大支流在此汇聚入海，滋养了这片培育精英的沃土。百余年来，这里涌现了一批打破时空维度，精神属于中国、才华属于世界的大师级人物。

“阅读天津”系列口袋书第二辑“群星”，恰似一幅近代天津历史与文化的人物画卷，读者可以从哲学、译学、新闻、实业、科学、文学、艺术等不同视角，品读这座城市，其中包括：

被赞为“中国西学第一者”的维新思想家严复，被誉为“世界第一之博学家”、著述等身的梁启超，“为酬素志育英才”的教育家张伯苓，“二十文章惊海内”的弘一法师李叔同，“化私为公”的实业家、藏书家周叔弢，“学识以强国、仁爱以育后”的化学家杨石先，一代话剧宗师、中国话剧奠基人曹禺，为数学研究鞠躬尽瘁的“整体微分几何之父”陈省身，“荷花淀派”创始人、“有风格的作家”孙犁，“江湖笑面写传奇”的相声表演艺术家马三立。

纵观他们的一生，有家国的高度，有民族的厚度，有地域的广度。他们把巅峰岁月中的生命磨砺之美，无保留地献给了天津。他们为实现中华民族伟大复兴做出奉献，用担当诠释大义。他们活出了自己的精彩，而且能够跨越时代，触动今人的心灵。他们的精神，穿透城市的晨雾与暮霭，有了他们，这座城市才有了完整的生命。

如今，时过境迁，斯人已去，但他们从未隐入历史的烟尘。他们在天津亲历了近现代中国的历史进程，奏响了人生的跌宕音符与精彩华章。他们的生命，早已融入天津的血脉，成为这座历史文化名城百年成长的标志与象征。

他们的人生，也留下了许多值得回味、令人深思的启迪：对一个人来说，重要的不是生命的长度，而是留在他人心目中的高度。

每个人都有灵性，每个人的生命之旅都是一个不断发现的过程，也是不断觉醒的过程。每个人的身上都蕴藏着改变的力量，才华只是激情与灵感的乍现。大凡找到人生意义的，都是英雄。最好的人生态度，就是发自心灵深处、对社会与生命的感悟；在追索人生深度的同时，找到属于自己的位置——既收获了奋斗的历程，又体验了人生的意义。

天津过往有无数“风流人物”，要使珍藏在时光里的历史切片一一再现，几乎是不可能的。“便将万管玲珑笔，难写瞿塘两岸山。”

在新的历史起点上，让我们奋力追赶历史上的“群星”吧！用海阔天空的想象力、迎难而上的践行力，拥抱更高更远的未来，为实现中华民族伟大复兴不懈奋斗！

（主编系著名历史文化学者、天津市社会科学院研究员、天津市文史研究馆馆员）

阅读天津·群星

HOW TO READ TIANJIN

GREAT TALENTS

与陈省身先生的第一次接触

张伟平

我与陈省身先生的第一次接触，是以在这位数学大师面前作学术报告开始的，紧张程度可想而知。

那时，我即将从中国科学院数学所硕士毕业，想跟导师虞言林教授继续读博士。虞老师说，跟着他“没有前途”，推荐我到南开大学跟陈先生。陈先生不是随随便便招生的，提出要我先到南开作一次报告。

我作完报告后，陈先生对虞老师评论了一句：“想在较短的时间内讲太多的东西，年轻人都这样。”这样就算过关了。同时考取的还有北大毕业的王长平。我们1988年秋天入学，是陈先生招收的最后两名学生。

其实，最早见到陈省身先生，是在1986—1987年南开数学所举办的“几何与拓扑学术年”。我作为中科院的研究生听课，那时只是远远地、满心崇敬地领略大师风采。虞老师当时转述陈先生的话，“即使出不了文章，也要搞指标定理”，言犹在耳。

陈先生的另一句话也对我影响深刻，就是：要在中国的土地上学好数学，不一定非要考托福到美国去。受此影响，我和我的中科院同学周向宇都没有去考托福。

我跟王长平第一次去见陈先生时，陈先生轻描淡写的几句话，就消去了我们的忐忑。他说，他想辞掉南开数学所所长的职务，专心研究数学，但有关部门不同意，所以他没有时间带我们，要我们出国；并说，一个去德国，一个去法国。他对我说，法国的马利亚万（Paul Malliavin）问他要好的中国学生，他推荐我去。

我向虞老师汇报了陈先生的想法。虞老师建议我最好去美国跟奇格（Jeff Cheeger，几何学家）。等到下一次和陈先生单独见面的时候，我就讲了虞老师的想法。陈先生说，奇格已经有了太多的中国学生，而且到美国要做“TA”（助教），要教书，到法国可以集中时间做学问。我当时也太年轻，没有一下子松口，两个人就有点儿僵住了。过了一会儿，陈先生说：“我手头还有一封信没有写完，你先回去，我们明天再谈。”

我回来后想了半天，觉得跟老先生犟也没什么意思，所以第二天见到陈先生，就表示我可以去法国。而到了下一次见面，陈先生开口就说，给马利亚万的信已经寄出了。这不由使我万分感慨：照一般来说，导师让你去一个地方你不去，那你什么地方都不要去了……所以第一次的接触，陈先生的大师胸怀，就给我这个

年轻后生留下了深深的印象。等到第二年，陈先生回国，告诉我他和马利亚万谈过了，要我到法国后跟比斯姆（Jean-Michel Bismut）。对此我就更没有意见了，因为我的硕士论文作的就是比斯姆的研究。现在想来，虞老师和陈先生的想法都没有错，可谓异曲同工。一个明显的例证是，后来我和奇格的学生戴先哲有了密切的合作，比斯姆和奇格也共同获得了2021年度邵逸夫数学奖。

那时到法国留学的通常途径是走原国家教委的联合培养。但是，1989年，中法关系跌至低谷，中法联合培养项目被无限期拖延了。陈先生这年秋天回国得知以后，也很焦急。他刚从法国领了外籍院士证书回来，就以外籍院士身份亲自到北京的法国驻华大使馆，对参赞讲，要把政治和学术分开；然后又到原国家教委找到有关领导，说将我的材料单独抽出来办理。我有时想想，自己只不过是一个小小的学生，哪当得起大师的如此举动。

陈先生关心年轻人的故事千千万万，这只是沧海一粟。而陈先生以南开大学为基地，促进中国数学发展的一系列举措，早就载入史册。南开大学数学所连续11年举办的学术年活动，造就了一大批栋梁，如参加过几何与拓扑学术年的周向宇和方复全，后来都当选为中国

科学院院士。1988年在南开大学举办的“二十一世纪中国数学展望会议”更具有里程碑的意义。这次大会命名了“中国数学在二十一世纪成为数学大国”的“陈省身猜想”，还催生了影响深远的国家自然科学基金“数学天元基金”……

为中国数学和南开数学“鞠躬尽瘁，死而后已”，陈先生践行了他1985年在南开数学所成立大会上的承诺。陈先生逝世后，南开数学所更名为陈省身数学研究所，江泽民同志题写所名，体现党和国家领导人对先生的尊重与肯定。

待到山花烂漫时，“他”在丛中笑——我们盼望“中国成为数学大国、强国”的“陈省身猜想”尽早变为现实。

（本文作者系著名数学家、中国科学院院士、南开大学教授）

目录
CONTENTS

引言

借一双皮鞋去领百万美元

一切都是秘密进行的。一位乐善好施的香港富豪决定设立一项国际性的科学奖。他有意在三个领域评奖。他希望获奖人不分国籍和种族，只看其对人类社会的贡献。他请到一些顶级科学家主持评奖。

每笔奖金初定为100万美元，但这还在其次。重要的是谁拿到了奖金。历来，一项奖励的受重视程度取决于获奖人的成就，而不是奖额。

他决定采用诺贝尔奖式的评审程序，而这项大奖很快也被称为“东方诺贝尔奖”。三个领域中，较为特殊的是数学科学奖。一个世纪前，依据诺贝尔遗嘱设立的奖项没有数学科学奖，留下一个空白。

有关这项全新且丰厚数学大奖的秘密讨论，很长一段时间，频繁地在电子邮件中进行。五位评委发出了数百封邀请函，邀请国际著名的数学家、大学数学系及学术机构推荐人选。根据收回的推荐名单，评委们再以电子邮件往来，进行讨论和“删选”。讨论过程全是“绝密”，外人无从得知。经过近一年的反复讨论，一个人选胜出。

到了颁奖日，出现了一个后来被数学家吴文俊称为“波折”的状况。原本，吴文俊与诺贝尔物理学奖得主杨振宁两位评委一起，拟定了一份介绍数学科学奖获奖人的声明。很难找到比他们更合适的人选来撰写这份声明。他们都是在各自领域公认的大师，都曾在 20 多岁时受教于获奖人，并与后者终身保持了亦师亦友的密切联系。

但是，针对这份声明，另一位评委、国际数学联盟秘书长格里菲思突然提出，如果只是介绍学术成就还很不够，至少不足以说明获奖人的全部贡献。吴文俊意识到，格里菲思的意见切中肯綮又十分及时，他请对方补充一段话。

最后，在 2004 年 9 月 7 日，拥有一个娱乐帝国的设奖人邵逸夫先生在颁奖典礼上见到了这位获奖人——他 93 岁，来自天津的南开大学。他原本身材高大，此刻却坐在轮椅里，脚上套着一双借来的皮鞋，被护工推到领奖台上。西装和衬衣是新的。他赴香港前，发现壁橱里的那些旧西装被虫子蛀了小洞，不得不添置新衣。由于日常坐轮椅只穿中式布鞋，他怎么也不肯去买皮鞋。他说自己的女婿就在香港，很多朋友也在香港，不管向谁，总能借到一双鞋去领奖。他还宣布，把百万美元分成几份，捐给国内外几所大学和研究机构。

颁奖礼上，吴文俊宣读了那份修改过的声明，第一句话说：获奖人是“我们这个时代最重要的几何学家”。

补充的段落则强调，这个人的影响远过于此。他总是年轻数学家们细心而慷慨的良师益友。他最喜欢的事情，莫过于召集不同年龄、不同观点的人一起讨论数学。他特别乐于推动共事者的职业发展。他一直是最早意识到同事们研究之重要性，并帮助他们在数学界引起广泛注意的人之一。

这是邵逸夫奖数学科学奖的第一次颁发，也是“现代微分几何之父”领取的最后一项科学殊荣。获奖原因在于，他证明了一些历史性的难题，在此基础上，开创了一片数学的新领地，与他有关的一些定理影响着数学和物理的发展。用吴文俊的话说，“他自己一个人，就影响了20世纪下半世纪数学的发展”。在他后一年得奖的是证明了费马大定理的安德鲁·怀尔斯。

今天，在太平洋的两岸，各有一个著名数学研究所的大楼以他的名字命名。国际数学联盟设立了以他名字命名的数学终身成就奖，四年颁发一次。在一个多世纪的历史上，国际数学联盟从来没有像这样，以一个东方人的名字设奖。而

陈省身（左一）在邵逸夫奖颁奖典礼上

在邵逸夫奖设立的20余年里，陆续表彰的数学家里有三位华人，一位是他，另两位是他的学生。

甚至，他的名片上只印了三个字——陈省身。

01 非典型学生

黑板前的魔法师

数学家陈省身这一生并没有像他的前同事约翰·纳什那样饱受精神疾病困扰、在黑板上写满疯话的离奇经历，他也不是那种传说中留着长长指甲、离群索居的隐士。他虽然经历了乱世，但自认为这一生没有吃过多少苦。

相反，他家庭和睦，健康长寿，交游广阔，从国家元首到贩夫走卒都有朋友。有人形容："与他谈话永远不会感到乏味。他在任何社交场合都是最受欢迎的人。"

陈省身还以美食家著称。隔了近半个世纪到柏林领取一项殊荣时，他执意要去本地的老餐馆吃一份德国猪脚。一位吃惊的德国同行猜测，或许这道菜令他回忆起了年轻时留学的岁月。那时他在汉堡攻读博士学位，自豪于吃遍了那座城市的 200 多家餐馆，那是希特勒发动战争箭在弦上的年头。

数学之外，他写诗，读武侠小说，对历史有特别偏好，富于幽默感；他收入丰厚且善于理财，其中一笔投资，他以几千美元购买了一只股票，耐心地持有了半个多世纪，等待这笔钱膨胀到了百万美元。他还慷慨解囊，接济过一些落难之人。

只在一件事上，他与外界对“数学怪人”的刻板印象相吻合：他厌恶体育，从年幼直到年老。“我从来不运动，运动对我是浪费时间。”他宣称。他还以同样的口吻说，听音乐也是如此。

他自称“只会做数学”。数学渗入他的生活，他随时都有可能想到数学。75岁生日时，他计划作一首诗，当天只想出了第一句——“百年已过四分三”。他往往在与家人谈话的时候，突然转念去想数学问题。儿孙们故意要他重复刚才的话题，或者骗他答应原来根本没答应的事情，他对此无可奈何。他女儿陈璞的名字即与拓扑学有关，因为这个孩子出生时，父亲正在从事拓扑学研究。

谈到那位以“纳什均衡”理论获得诺贝尔经济学奖的朋友，陈省身说，他很欣赏纳什的能力。但他们截然不同。他们年轻时常常聊天。“他是个怪人，也是个极有能力的数学家。”陈省身说，“我跟他完全不一样，我是正常的，他始终要做难题。他对数学不大懂，他是知道哪几个是难问题，他就去做，不是了解整个数学各个方面。”

能够找到的一个与陈省身有关的笑话是，一项科学大奖设立后，他是潜在的授奖对象。他的挚友、数学家安德烈·韦伊担任评委。韦伊在表格上盛赞了陈省身的成就。表格最后一栏提问：“得到这一奖金对获奖者有什么作用？”韦伊诚实地写道：“绝对没有！”这句话让他的朋友陈省身损失了一大笔钱。

另一个笑话诞生在美国加州大学伯克利分校的校园里。陈省身在那里任教的某一年，一名本科生给他写了一句课程评语，随后成为在该校数学系研究生里流传的著名段子。这位在许多年里主导了几何学发展的人物，得到的评语是“他似乎懂这门课”。

很难找到比陈省身更懂数学的人了。据他的学生、菲尔兹奖得主丘成桐估计，三分之二的数学与陈省身有关。

终其一生，陈省身都在寻找那些美妙的数学公式，尽管他置身于一个在常人看来极为抽象的领地。

陈省身描述自己很多时候像是一个贪玩的孩子，而数学是一处园林，充满了“好玩”的东西。

他的女婿、物理学家朱经武记得，岳父常说，他做数学就像“鱼游于水”。

不是所有孩子都看得到那个园林。美国数学家罗伯特·格林问过陈省身到底是如何找到那些复杂公式的，得到一个令人惊讶的回答，陈省身说自己“能够看到它们”。

丘成桐说，他能够“从容不迫地处理极其复杂的计算”。

一位画家朋友注意过陈省身请客吃饭结账时的动作：他来回计算，终于对上了账单。至少在那个时候，他不像是一个以惊人计算能力著称的天才。

回到黑板前，陈省身开始施展魔法。与他有过合作的沃尔夫数学奖得主、哈佛大学教授拉乌尔·博特说：“对我们这一代几何学家来说，早年看陈省身站在黑板前面讲课时，总是感到惊叹。他像一位魔术师……当你刚刚理解了一个神奇的招数，他接着又开始讲下一个。如果有人说受不了啦，

陈省身在黑板前游刃有余

他会说，对，好。然而他还是继续平静地照样往下讲。于是，慢慢地，他使我们大家都走上了一条大路：按照嘉当—陈省身的传统去理解几何。”

就学术而言，陈省身是法国数学大师埃利·嘉当的继承人。丘成桐说：“他们合力创造了一门美妙而丰富的学科，影响遍及数学与物理的每个分支。”

很多年前，格林是陈省身课上的学生。他记得，这位教授总是在黑板上写满长长的公式，可他从来不带任何笔记，不犯任何错误，以至于听他讲课，流畅得像是在阅读一本“编写完美的书”。有一天，一个学生问陈省身如何做到这一点，他解释，他的大脑里像是有一块黑板，那些内容就写在上面，并且永远都在那里。

格林考虑过，如果研究微分几何需要陈省身这样的计算能力，自己可能需要换个方向。他请教了陈省身的好友及同事伍鸿熙，后者笑着安慰他：“如果一个人必须像陈教授那样才能成为一个微分几何学家，那么几乎没有人能够成为微分几何学家。”

只上了一天小学

数学天分在陈省身少年时就已显现。这个后来改变了数学史的孩子只上过一天小学。在所有的大数学家里，这可能是最为短暂的一段初等教育履历。

陈省身出生在清朝的最后一个年头。精确地说，是最后一个季度。1911 年 10 月 28 日，他在东部的浙江省出生。不到三周前，湖北武昌发生了兵变，一些反对大清的士兵占领了长江边的那座中部城市。兵变引发的多米诺骨牌效应，导致了皇帝的退位和总统的登场。

因此，陈省身出生于中国最后一个封建王朝和中华民国的分水岭。在浙江嘉兴，这个小小的婴儿也受到了一定的冲击，出生九天，就被家人带到乡下避乱，祖母说他注定是“劳碌命”。

生在这样一个变幻多端的世道，他有一个中国式的、表达谦逊的名字——“吾日三省吾身”，这句古语出自《论语》，意思是每天都要多次反省自身，而不管外界发生了什么。

在《一个数学家的辩白》中，英国大数学家哈代说：“当世界疯狂时，一个数学家可以在数学中发现一种无与伦比的镇静剂。”

对陈省身来说，数学的镇静作用显而易见。他此后的人生，哪怕是在中国的西南腹地躲避头顶的炸弹，或是在轮船上目睹两国交战的火光，他也始终保持着对数学的惊人定力。

在陈省身出生的那个东部小城，当时，孩子们的初等教

3 岁的陈省身与祖母合影

育主要依靠家教。其父亲陈宝桢是两个时代更替时期的知识分子，一只脚站在旧式私塾，另一只脚已踏入新式学校：他是中国废除科举制度前夕，以“之乎者也”八股文章考取的最后一批秀才，但他也是最早合上四书五经的那一批知识分子。清朝灭亡以后，他考入法政学校，进入司法界工作。在暮年的一首诗里，陈宝桢称自己是“幡然改计”。

陈宝桢常年在外工作。有一年春节，他回家教给儿子阿拉伯数字和四则运算，留下一套《笔算数学》。这是中国一些新式学校的教科书，介绍加减乘除的运算法则。很多年后，陈省身仍记得那是“三大厚本”。他尝试自己去做书里的习题，除了一些最难的，他“大多会做”。不过，他不经意地向同伴隐藏了这种天分——他以为别的孩子也一定都会，从未与他们谈到过这些数学问题。

作为一个多子女家庭中的长子，陈省身备受祖母疼爱，迟迟没去上学。家里有时请教书先生短期授课，主要是祖母和一位未出嫁的姑姑教他认字。他记得，因为祖母拜佛，他曾背诵过佛经。

到 1919 年秋季，陈省身 8 岁，祖母认为他到了实在不该不去上学的年龄，把他送去了小学。

1919 年是中国一个里程碑式的年份。这一年的 5 月 4 日，北京的一些大学生发起了游行示威，直接原因是国家在第一次世界大战后巴黎和会上的外交挫折。陈省身生长于中国内忧外患交加的历史低谷：19世纪以来，欧美国家从南北两个方向，对东方实施了“剪刀式的夹攻”，然后是东部的近邻日本。在陈省身出生的二三十年前，清朝的一些士大夫仍相信中国“富且强”，日本在中国面前动武是“螳臂当车”。

到陈省身出生时，清朝的屈辱已经堆积了七十多年。外国的军队不止一次打到过首都，其中一次，八国联军进入皇宫阅兵，“番邦外夷”的士兵爬上龙椅，“天朝上国”的尊严碎了一地。只比陈省身大5岁的末代皇帝逊位后，不同派系的军阀又把这个国家弄得四分五裂。

新文化运动的一些发起者主张以科学和民主来挽救中国。这场中国启蒙运动的倡导者陈独秀将科学（science）称为“赛先生”，呼吁人们以科学为师。

在嘉兴，一个8岁孩子第一次走进学校。没有人可以预料，在科学的天梯上，这个孩子将成为近代以来第一个站上巅峰的中国人。用丘成桐的话来说，陈省身是“首奠宏基于西学者”。

入学那天，陈省身记得教室里约有30人，都是三四年级的学生。他是插班生。中午，同学们都回家了，他独自在教室吃饭，“觉得很凄凉”。给他最大打击的事情发生在放学前，不知出于何种原因，教师取出戒尺，击打每个学生的掌心，少则一下，多则四下。他是唯一没有挨打的孩子，他

全家福（1930 年摄于天津），左起：弟陈家麟、母韩梅、姐陈瑶华、妹陈玉华、陈省身、父陈宝桢

猜是因为自己这一天“实在老实”。

这惊慌的一天是他全部的小学生活。第二天，这个孩子就退学了。

过了一年，陈省身考入嘉兴秀州中学预科。这部分归功于他的数学能力，因为做过习题，他应付数学考试绰绰有余。

80 年后，他对那所中学的学生们说：“要问我（20 世纪）二三十年代有什么感想，肯定非常想我们的国家强盛。那时，我们的国家既贫又弱，受其他国家的欺侮。”

就在陈省身的幼年，中国当时的头号外交官顾维钧听到一位外国同行说，在讨论世界大事的时候，“我经常忘记地图上还有一个中国”。

陈省身认为，自己这一生的“微薄贡献”，就是帮助建立中国人的科学自信心。一般中国人觉得自己不如外国人，他要“把这个心理给改过来”。

纸鸢，你为什么不自在

11 岁那年秋天，因父亲到天津法院任职，陈省身移居到那座北方大城市。几个月后，他插班转入离家较近的扶轮中学读初一。他是班里最小的学生。

这段初中生活给他印象颇深，尤其是数学课。他记得数学教材都是英文版，并且记得那些外国编著者的姓名。他当然也记得每一位数学教师：校长顾赞庭教几何，“教得很凶”。陈省身数学出众，因此感到“他很看得起我”。另一位数学教师郑次纯，留的习题多极了，“他说全做，我就全做”。对陈省身来说，数学课“特别容易”。

在扶轮中学校刊上，陈省身发表的一篇文章《一几何定理之十六个证法》，显示出他对几何异于常人的兴趣：

“几何学在数学中占了极重要的位置。非但有志于研究科学的人应当注意它，就是普通的中学也应该拿它当作应有的常识。然而研究几何的人，常常觉得它枯窘无味，所以不肯用功。本来叫一个人，使他对于素所不喜欢的功课去用功，是一件不近人情的事。那么，增加学生对于几何的兴趣，更是一件不可或缓的事。

“我认为在一个几何习题中，去寻出它的种种证法，很可以引起研究几何的兴趣，并且又可以养成有系统的脑筋。”

同一期刊物的其他文章，包括《中国现状与中国青年》《学生与政党》《革命学说始于孟子》等，都透露了他的同窗对那个巨变时代的反应。

陈省身显然喜欢写作。扶轮中学后来检查校史资料，发现这位校友 1926 年就在校刊发表过七篇文章，包括两首新诗、一篇关于中学生的小说、一篇题为《科学与宗教》的文章，几何学、化学、植物学相关文章各一篇。

其作于1926年4月的诗歌《纸鸢》说："纸鸢啊纸鸢！我羡你高举空中，可是你为什么东吹西荡地不自在？"这个少年的结论是，风筝"没有自动的能力，才落得这样的苦恼"。另一首诗里，他惋惜白雪为人的足迹所污染，"负了造物者的一片苦心"。

陈省身对"自动的能力"尤为看重。他后来将自己的人生轨迹放飞到几大洲，但他自豪的，始终是这种能力的驱使。他说："我喜欢自由与独立，不肯随俗。"他举例说，自己人生中的许多重要选择，都体现了这一点。当拿到一笔赴美国留学的奖学金，他去了欧洲；当大半个中国沦陷，他在流亡生活中聚精会神苦读至为艰深的一些数学论文；当他受命筹办一个数学所，他按照自己的主意，将它办得明显不同。

他曾告诉擅长书法的数学家、中国科学院院士王元，小时候，他从家人那里得到一本书法字帖，他不知是要临摹。多数中国孩子都从此种模仿中学会书写，他把字帖放在一边，在旁边"自由地写"。

六十多年后，他的妻子郑士宁读过那两首诗。她对丈夫谈了读后感："你的思想没有改变。"

陈省身说："你说我六十多年没有进步？"

自学三周考上南开

中学毕业时，陈省身的去向也与多数同窗迥异。扶轮中学是交通部所辖学校，学生多是铁路子弟，也将去铁路谋生。陈省身考虑过的一个去向是到邻近天津的唐山，报考铁路系统的大学。但是，中国的时局更改了这个少年的选项。

这是他在 1926 年前后面临的现实：总统取代了君主，然而“城头变幻大王旗”的局面并未终结。天津这个拱卫首都的城市在不同军阀间倒手。陈省身 14 岁生日过后不久，一支部队来到天津，赶跑了另一支队伍，随后，这支部队又被赶走。几个月后，蒋介石统率的国民党军队从南方发动北伐，试图控制分裂的国家。政治和军事格局如此混乱，战争时常沿着铁路展开，从华北通往东北的铁轨时通时断。在这种局势下，留在天津对陈省身来说更为现实。

此时，陈宝桢的昔日同窗、南开大学数学系教授钱宝琮鼓励陈省身以同等学力报考南开大学。此时，陈省身不满 15 岁，只读过四年制中学，考本科等于跳级。南开大学是以六年制中学生的标准命题。“知道考南开怕是躁进，因为我的准备不足。数学的主要科目是解析几何，我根本没有学过。我在扶轮所读的物理化学也不够。”

1926 年夏，陈省身备考时，他极为眷恋的祖母去世。

南开大学理学学士陈省身（1930 年摄于天津）

家里举办丧事，请了和尚念经，吊唁者来来往往，“乱得一塌糊涂”。他借来南开中学的课本，自学了大约三周。

考后，他从钱宝琮处得知，他的数学成绩是所有考生的第二名。他被录取了。数学天分再次在他的升学中发挥了威力。

“每逢考试我的数学是王牌，它总是把我的平均分数拉上去。”关于早年的求学生涯，陈省身这样概括。

与今天任何一个拿不准前路的年轻人并无不同，陈省身在一种懵懂的状态下进入大学。他与家人“都不知道有些什么东西可读，也不知道毕业后有什么事好做”。他们觉得物理“似较切实”，倾向于进物理系。南开大学三年级才分科，他入了理学院。全校学生约有 300 人。

南开大学是一所小规模名校。1926 年，它仍处于初创期。创始校长张伯苓作为北洋水师学堂毕业生，参与过接收和转让山东半岛被外国占据的港口威海，目睹日本的太阳旗换为大清的黄龙旗，再换为英国的米字旗。他受这“国帜三易”的刺激，决意投身教育救国。他于 1904 年创办中学，1919 年开设大学。

陈省身入南开大学时，位于天津城西南的校园四周还是荒地。他上学路上经过海光寺，那里是日本的华北驻军司令部。“看到日本兵端着枪，耀武扬威的样子，很是讨厌。”

日本在华北驻军是《辛丑条约》所赋予的特权。正是这支军队的士兵，后来在北京近郊的卢沟桥挑起了全面侵华战争。陈省身的人生将一次次受到中日之战的影响。

陈省身入校时，与他身处同一校园的历史系主任蒋廷黻，正在从事近代中国外交史的研究。他做过中日不同走向的比较。在他眼里，近百年的中华民族根本只有一个问题，那就是：中国人能近代化吗？能赶上西洋人吗？能利用科学和机械吗？能废除我们家族和家乡观念而组织一个近代的民族国家吗？

诞生于 1912 年的中华民国，最初的十几年里，元首频繁更换，还有过两次短暂的帝制复辟。比陈省身晚十年入读南开大学的历史学家黄仁宇形容，“民国成立后的二十年是一段令人愁丧的开始”。那正是他们成长的时代。

在当时，陈省身这个正在发育中的少年，对社会上的事“不大关心，就知道念书”。

当陈省身对数学发生兴趣时，中国在这个领域的落后程度与其他学科一致。中国科学院院士、数学家杨乐认为，中国的现代数学研究始于 1931 年左右。

多年后陈省身回望，认为 20 世纪 20 年代末期的中国数学尚处于“原始状态”。“1927 年左右的中国数学界是很贫弱的。”他说，只有少数学校开设了复变函数论课程，至于线性代数，人们“实际上不知道”。他庆幸得遇良师，“这样的课程对我开设了”。

“我从事于几何，大都亏了我的大学老师姜立夫博士。”他说。

姜立夫是第二个拥有数学博士学位的中国人，他 1919 年从哈佛大学取得博士学位，回到中国，创办南开大学算学

姜立夫

系，是中国当时第二个数学系。最初几年，姜立夫一度是这个系唯一的教师。他的学生除了陈省身，还有江泽涵、刘晋年、申又枨、吴大任等重要数学家。陈省身入学时，姜立夫外出讲学，一年后才回。陈省身认为自己在二年级时读书态度有很大改变，“那年姜立夫先生回南开”。

“姜先生在人格上道德上是近代的一个圣人”，陈省身曾作此评价。

学业上，姜立夫是将陈省身引入几何之门的第一位向导。他开设了许多在当时颇为高深的课程，如线性代数、复变函数论、微分几何、非欧几何等。其中，非欧几何教材就是姜

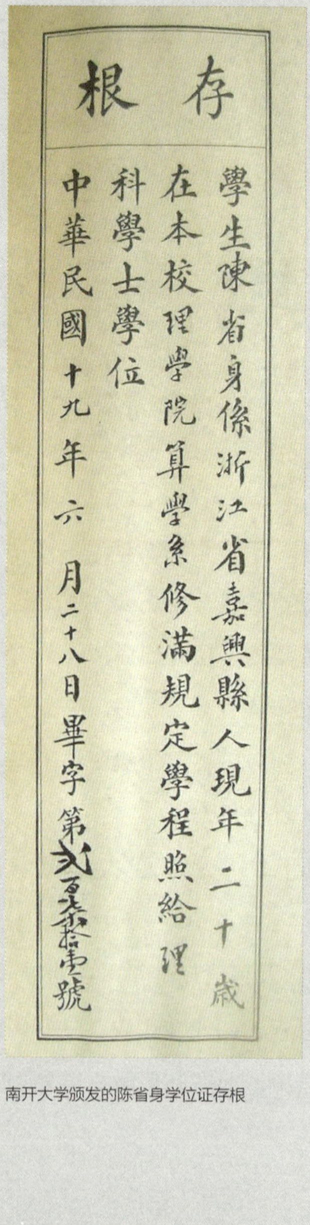
存根

學生陳省身係浙江省嘉興縣人現年二十歲
在本校理學院算學系修滿規定學程照給理
科學士學位
中華民國十九年六月二十八日畢字第弍百柒拾壹號

南开大学颁发的陈省身学位证存根

立夫的哈佛大学导师的著作。

陈省身认为，姜立夫讲课是吸引他入数学系的重要因素。他“每课必留习题，每题必经评阅”。“他态度严正，循循善诱，使人感觉到读数学有无限的兴趣与前途。”

让他满意的是，姜立夫在中国首先注意到图书的重要性。南开大学的数学藏书，在全国首屈一指。陈省身性喜浏览，许多名著都曾开卷，“渐渐自己能找书看”。

他还选了外语系的德文和法文课，“都达到了能读数学书的程度”。

到 1930 年毕业时，陈省身能阅读德法的数学文献，对美国文献较熟，已“对数学有些看法”。

数学是 A，体育是 C

大学第一学期，陈省身选修了国文、英文、微积分、物理等课程。下学期去注册，老师告诉他，“都及格了”，这在当时是不简单的成绩。

但是，原本入物理系的可能性很快就消失了。陈省身觉得，物理及格没有问题，但“牵涉太多”，自己读不好。“每跟数学有关，我就没有困难。”

实验最是令他头疼，“对实验的厌恶驱使我主修数学”。

从始至终，陈省身将自己进入数学之门形容为一种限定条件下的选择：运动能力不佳——他开玩笑说自己“百米跑不过女生”，做实验又笨手笨脚，“只好”学数学。

“但我入数学系更主要的原因，是不会动手做实验，实际上在理科无他系可入了。”他说。

他的朋友杨振宁在美国留学时，因不擅长做实验，总引起小型爆炸，曾有“哪里有爆炸声，哪里就有杨振宁”的传说。陈省身的化学课也出了类似状况。他中学未接触化学，大学选修邱宗岳教授的化学课。邱教授声名远播，有“一堂课换来一座楼”之称。理学院所在的思源堂，是美国洛克菲勒基金会代表旁听邱教授的课后，部分出资兴建的。陈省身不知道老师所列的名词与柜子里的化学仪器有何对应关系。第一节化学实验课让学生吹制玻璃管。一位职员在实验结束前替他吹成了一些，陈省身觉得玻璃管很热，自作主张拿去用冷水一冲，前功尽弃。

多年后他仍记得，化学实验课的助教以严厉著称，外号“赵老虎”。

“回来想了几天，觉得无论如何化学是读不下去了。”他退掉化学。如此，“只剩数学系可进”。

而在数学课堂，他如鱼得水。1928 年，陈省身成为姜立夫的助手，为其他学生批改习题作业，每月能收入十块大洋。这笔收入让他不无得意，“比一个报贩的钱多一点”。校长张伯苓之子张希陆在数学系任教，也让陈省身批改作业。起初，陈省身只改低年级的作业，后来三年级的也改。

南开大学1929级学生陈鹀记得，有一次男生在操场上练习，女生在一旁观看。一个男生比她还小，与别人总不合拍，需要时不时倒换左右脚，“十分可笑”。同学告诉她，这是高年级的数学系高才生陈省身。

连在南开中学就读的历史学家何炳棣也听说过陈省身。他比陈省身小6岁，早就耳闻南开大学录取了一位浙江籍学生，年纪小而数学天赋极高。

“我的读书路线，实在是早就确定的。比之多才多艺的人，我的选择问题，较为简单，一生受此益处不浅。”陈省身说。

1926年，南开大学理学院招收26人。吴大任（后与陈鹀结为夫妻）当年住在陈省身隔壁宿舍，他们一年级时来往很少。吴大任是由南开中学保送的尖子生，常与中学同学在一起。陈省身记得自己一年级的朋友大都是“成绩不顶好的”，常替他们写作业。一道作文题他会写两三篇“消磨时间”，最好的留给自己，其他的送人，有时送人的反而得分更高。

从二年级起直至毕业，陈省身同吴大任“几乎形影不离”。他们都是数学课的佼佼者。在陈省身看来，吴大任“绝顶聪明”，什么功课都好。吴大任的考卷经常是第一名，作业工整美观，陈省身的相对潦草。

陈省身不太在乎分数。他说：“我不是一个规规矩矩、老老实实念书的，我要有兴趣，我就可以做做。分数好坏不大在乎。反正我的数学分数总很好，其他功课平平常常，但总能及格，比及格还好点。花点劲也可以很好，但我懒得花劲。”

比如，“物理只有一堂实验，费些功夫，对于它的内容，无意求深切了解。我做实验，只作几个基本度量，余时只凑答案，所以结束得很快”。

到毕业时，陈省身与吴大任都入选了这一级的“最优等毕业生”。

他们在南开大学遇到的数理化生四科教师，恰是姜立夫、饶毓泰、邱宗岳、李继侗这四位宗师级人物——他们均对这些学科在中国的起步产生过重大影响。

南开大学有个学生社团叫理科学会，编印刊物并组织学术活动。成员中有不少后来赫赫有名的人物。学术上最出众的是陈省身，其他成员包括生物学家殷宏章及物理学家吴大猷。吴大猷是吴大任的堂兄，高他们一级，有时一起上课，与陈省身也相熟。吴大猷日后被尊为“中国物理学之父”，成为诺贝尔物理学奖得主杨振宁、李政道的伯乐。1948 年，

“中央研究院”选出首批院士 81 人，陈省身、殷宏章、吴大猷均入选，他们的老师姜立夫、饶毓泰也在其中，证明“名师出高徒”。

总体而言，陈省身认为自己的大学生活“非常愉快”。他花了很多时间在图书馆，“乱七八糟的书都看”，涉及各门学科。“我的习惯是自己主动去看书，不是老师指定要看什么参考书才去看。”

当时的有些数学著作、数学期刊和数学家，陈省身已有

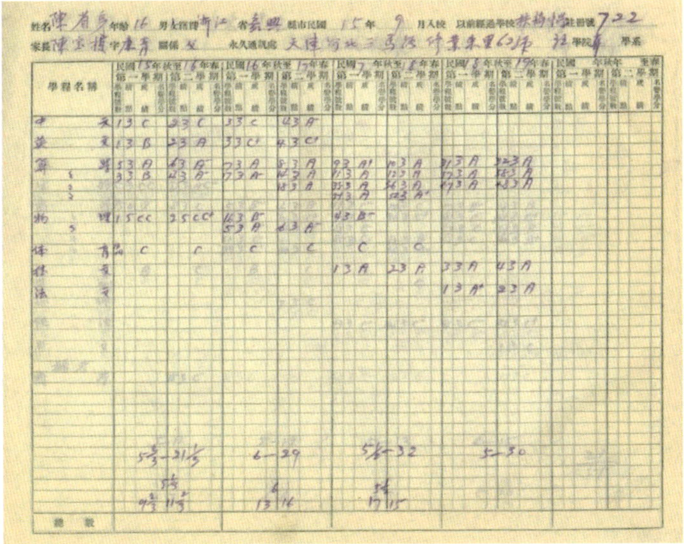
姓名 陳省身 年龄 16 男女籍贯 浙江 省 嘉興 縣市 民國 15 年 9 月入校 以前經過學校 扶輪 註冊號 722

南开大学保存的陈省身成绩单

所了解。“这很有好处，你已经有了个初步了解，以后待你真正需要看内容时，就比较熟了。”

今天，南开大学仍保存着陈省身的成绩单。他的偏科是如此明显。数学科目大都是“A”，最糟的是体育，一直都是“C”。

孙行者对祖冲之

躺在清华大学档案馆里的另一份成绩表上，填满了“E”——最高成绩等级“Excellent”。

这是陈省身，中国本土培养的第一位数学硕士的档案。他修过九门数学课，除了一门代数，其他均是最高等级。

陈省身来到清华大学，得益于姜立夫给他的数学训练：广泛的阅读，让他知道当时国内能在外国数学期刊发表论文的唯一一位数学家是清华大学的孙光远。

1930年的大学毕业生陈省身可能的去向是做中学教师。当时很多数学系学生的出路不外如此，就连那些海外名校归来的博士也是专注于教书而非研究。

除了这条出路，陈省身少年时有过做职业棋手的念头。他读中学时，旁观父亲和朋友对弈，学会了围棋。他后来的

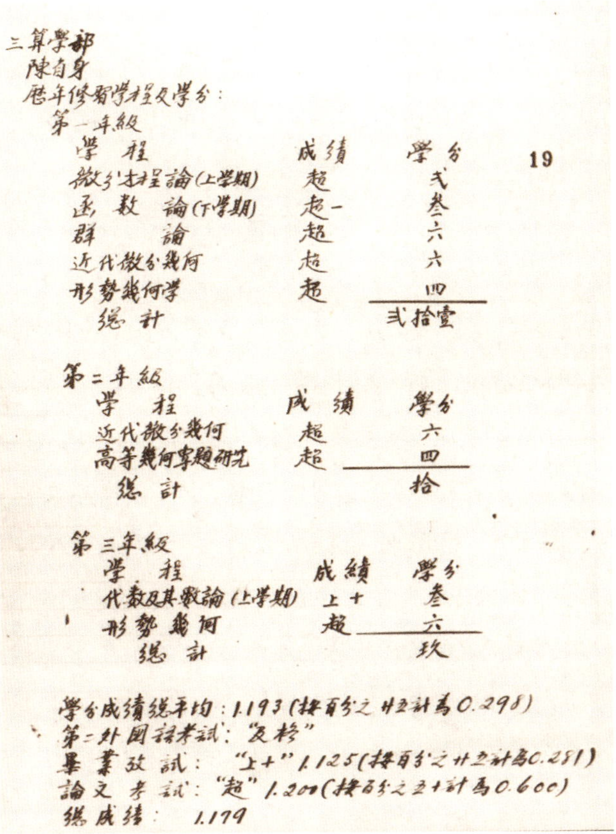

三算學部

陳省身

歷年修習學程及學分：

第一年級

學程	成績	學分
微分方程論(上學期)	超	弍
函數論(下學期)	超一	叁
群論	超	六
近代微分幾何	超	六
形勢幾何學	超	四
總計		弍拾壹

19

第二年級

學程	成績	學分
近代微分幾何	超	六
高等幾何專題研究	超	四
總計		拾

第三年級

學程	成績	學分
代數及其數論(上學期)	上十	叁
形勢幾何	超	六
總計		玖

學分成績總平均：1.193(按百分之廿五計為0.298)

第二外國語考試："及格"

畢業考試："上+"1.125(按百分之廿五計為0.281)

論文考試："超"1.200(按百分之五十計為0.600)

總成績：1.179

清华大学保存的陈省身成绩单

一名学生、中国科学院院士周毓麟记得，他的“围棋水平极高”。数十年后，我国围棋国手聂卫平与陈省身对弈，评价他的水平“比初段要高一点”。

但陈省身说，他大学毕业时已认清，出国去学数学才能进步。公派留学机会极少，家庭又无力负担。那时，前身为留美预备学校的清华大学办了研究生院，成绩优异者可公派出国两年。

陈省身和吴大任约定一起报考，且双双考中。吴大任因家庭原因，先去工作，延后一年入学。由此，清华大学数学系只剩陈省身一名研究生，决定缓办一年，让他先做助教，月薪 80 元。当时，这是不菲的收入。

系里只有四名教授和两名教员，加上这名助教，总共七位教师。他是系主任熊庆来的助教，排了“高等数学”课程。这是他的第一份教职，讲台下的许多学生年长于他。

19 岁的陈省身在此时见到 8 岁的杨振宁——清华大学数学教授杨武之的长子。这是他们第一次发生交集，他们此后将一次次相遇。陈省身回忆说：“我们彼此一定说过话，但没有太多的接触。杨武之教授几次提及作为小学生振宁的聪慧，这给我深刻的印象。”

清华大学还见证了中国数学界两位明日之星初次的轨道交会。数学家华罗庚是 1931 年出现在这里的一位奇特人物。他比陈省身年长一岁，只有初中学历，但辍学后发表的数学论文引起注意，被清华大学数学系聘为助理员。陈省身第二年转为研究生时，华罗庚用了他原来的书桌。这张书桌的前

清华大学研究生院求学时的陈省身

后两任主人，是中国最早获得国际声誉的数学家。

据陈省身回忆，华罗庚名义上是助理员，等于是研究生。“我们时常来往，上同样的课，那是很愉快的一段学生生活。”

21岁时，陈省身在《清华大学理科报告》发表了他的第一篇数学论文。随后，他还在日本《东北数学杂志》发表了两篇。收到录用通知时他很激动，后来他说，“那些论文和做练习差不多”。

陈省身此时的方向是随孙光远研究射影微分几何。在他眼中，孙教授“率直天真”，他们相处甚欢。他在这个方向花了很多时间，可惜那只是数学的一个旁支。这一领域的研究已到结束阶段，“我渐觉它的肤浅”。“那时国内的数学界渐渐注重研究，但实在还没有人了解研究的主流所在。”

在北平，陈省身听了一些讲座。美国数学家伯克霍夫的讲座，他承认没有听懂；德国数学家施佩纳的拓扑学讲座他很喜欢；德国数学家布拉施克是他最欣赏的。

姜立夫的数学训练仍在无形中指引着陈省身的数学之路：在南开大学，曲线论与曲面论的课程采用布拉施克的著作作为教材，陈省身认为它们“简要深刻，趣味无穷”。1932 年，布拉施克到北京大学讲学，两个星期讲了六堂“微分几何的拓扑问题”。陈省身去听了全部讲座，认真作了笔记。

“他的新颖思想以及他认为数学是充满生气的、易于理解的学科的信念给了我深刻的印象。”他说，“这短暂的接触对我大有启发，使我决定到汉堡跟他学习。”

很多年后陈省身说：“微分几何的正确方向是所谓‘大型微分几何’，即研究微分流形上的几何性质。它与拓扑学有密切关系，其系统研究，那时才刚开始。这是在清华时始终憧憬着的方向，但未曾入门。”他形容自己那时的心情，是远望着一座美丽的高山，不知如何攀登。

数学越来越深地浸入了陈省身的生活。作为清华大学的助教，他记得学校的一件大事是招生考试。教师们聚在一起阅卷，传阅有趣的试卷。历史学家陈寅恪出过国文试题，让考生对对子，上联是“孙行者”，有些考生觉得很难，有人以北大校长“胡适之”作答。七十多年后，陈省身仍记得这道考题。一次，在台湾清华大学，他对学生们说，对学数学者而言，更好的答案应是中国古代数学家“祖冲之”。

1931 年，陈鹦因失眠休学，在北平休养，常与陈省身一起玩，一起去爬香山。根据她的记忆，陈省身在清华大学做助教的同时，还在香山慈幼院兼课。那是一所救济儿童的慈善学校。

时年 20 岁的陈省身告诉这位失眠的朋友，他的睡眠好极了，秘诀是：入睡之前，眼睛努力盯住鼻子，让自己保持专注。

02

接过大师的魔杖

讨论班里最后一位听众

中国第一位数学硕士毕业时，正如他几年前计划的那样，中华教育文化基金会向他提供了一笔留美奖学金。该基金会负责管理美国退还的“庚子赔款”。这笔数额巨大的款项是1900年八国联军占领紫禁城后，清朝依据《辛丑条约》付给各国的赔款。部分赔款后来返还中国，用于支持教育及文化事业。陈省身出生那年，清政府使用美国的部分退款设立了留美预备学校，即清华大学的前身；他的老师姜立夫当初也是通过这笔退款赴美留学的。

但是，陈省身申请改去德国，追随布拉施克。

他多年的同事、加州大学伯克利分校的几何学家伍鸿熙认为，1934年到1943年间，陈省身作过三次足以影响一生的重大决定，在当时都显得“有些违反常理”，但若干年后回顾，则显得理所当然。“终其一生，他似乎都保持了这种在人生的重大关头作出正确选择的罕见天赋。”

“尽管我当时只是一个学生，我知道我想学什么，也知道数学界的形势，有哪些好的数学家，哪里是最好的数学中心。或许我的判断有错，但是我有自己的想法。”陈省身在一次访谈中说。

一份自传里，他这样记录：“去德国读数学是明智的。到了汉堡，教授阵容、研究空气，都令人十分满意。”

德国哥廷根大学是当时世界数学的圣地。19世纪以来，“数学王子”高斯奠定了它的地位，此后到20世纪30年代，引领数学发展的黎曼、克莱因、希尔伯特、外尔、柯朗等耀眼的大师都出现在这里。在这座科学之城的老市政厅墙上，铭刻着一句骄傲的格言：“哥廷根外无生活。纵使有生活，亦非这般的生活。”

相较而言，成立于1919年的汉堡大学不算出名，但陈省身认为自己“去得正是时候”。80岁那年，他对自己的传记作者、华东师范大学数学教授张奠宙解释：“我觉得选择工作地点应该以自己的计划为主，至于见大人物，虽可供谈助，但和学问实不相干。”

他到汉堡的前一年，希特勒开始统治德国。纳粹的种族隔离政策威胁到有犹太血统的科学家。大师们将陆续出走避

1934 年，陈省身在德国汉堡

难，世界数学中心即将发生转移。陈省身在汉堡遇到的著名教授阿廷就受此影响。因为妻子的犹太血统，这位“看起来像学生”的数学家，几年后不得不移居国外。

1934 年 9 月，陈省身到达汉堡。汉堡大学 10 月 19 日的入学注册登记表中，在“职业目标”一栏，这个中国学生填了“教师”。学校开课前，陈省身先读了一个月德语。他拜访了布拉施克，后者给他一大沓论文的复印本。陈省身发现论文中的一个证明存在漏洞，补齐了漏洞，用了约两个月写出一篇论文，“总算给他一个好的印象”。

汉堡时期，陈省身最主要的工作是学习了嘉当—凯勒理论。布拉施克时常外出，后来以“凯勒流形”出名的凯勒在这里做编外讲师，刚刚发表了此后被称为嘉当—凯勒理论的关于外微分系统的成果。凯勒写了一本小书，开了一个讨论班，讲授这项理论。陈省身就参加了这个讨论班。

嘉当是巴黎的大数学家，但他的理论以难懂著称，陈省身认为他“超越时代”，在当时少有人理解。

从凯勒的讨论班上，陈省身领略到“嘉当的伟大数学天才”。他说，他渐渐习惯于嘉当的想法，觉得“实在是最自然的”。

讨论班第一天，包括布拉施克、阿廷在内，研究所的所有人都出席了。但由于理论太难，凯勒又不善讲课，“如一般讨论班的命运，参加者愈来愈少”。两个月后，只剩下陈省身一个人。他称自己“抗战到底”，因而受益最多。“在汉堡不到两年的时间里，我在嘉当—凯勒理论方面的钻研比其他方面更深入。”

在美国数学会1998年的一次采访中，陈省身回忆：“讨论班看上去像一个庆祝会，教室里坐满了人。凯勒拿着一摞

1934 年，陈省身在德国汉堡

自己刚刚出版的书，分发给每一个人。但是，书的主题很难，所以，后来许多人都不来听课了。我想我是唯一坚持到最后的人，因为我能跟上他讲的内容。不仅如此，我还利用他讲的方法解决另一个问题，并写出一篇论文。”

汉堡大学附近一家餐馆，见证了这两个存在语言障碍的年轻人的奇特友谊。他们不断去那里吃午饭，在餐桌上讨论各种问题。陈省身的德文水平有限，凯勒不会中文也不会英文。“不过，我们相处得很好。之后我很快完成了我的论文。”陈省身说。

陈省身在汉堡大学只学了一年，布拉施克就认为他达到了毕业条件。布拉施克给理学院院长写信说：“鉴于他的杰出工作，我请求破格给予博士资格考试。”

1936 年 2 月 15 日，陈省身提前取得博士学位，他认为自己此时“已经懂得了一些数学”。

由于留学资助期限未满，他可以在国外再作一年的博士后研究。布拉施克建议他，要么留在汉堡跟阿廷研究数论，要么去巴黎找嘉当。

“这两个方案都有吸引力，”陈省身说，“我最后选择了后者。”

到巴黎去——第二个重要选择。尽管，如伍鸿熙所说，阿廷是一位“当红的巨匠”，并且是特别善于指导学生的良师。

1935 年，著名的汉堡几何学派（右一为陈省身）

“大家都做的东西，我不做。” 1990 年 10 月 26 日，陈省身在台湾的一次演讲里说，“当年在汉堡大学时，许多人都念数论，阿廷、赫克、彼得森都是好极了的数论学者，我同他们都有友谊。可是我不念数论，虽然我觉得数论是很有趣的。研究贵独创，不要跟着人走。”

曾任美国数学会主席的代数学家欧文·卡普兰斯基认为，如果陈省身作出的是另一个选择，20 世纪数学的历史将会有重大改变。结果是，数论失去了一位大师，“几何则是幸运的”。

大师的魔杖

在陈省身去巴黎不久，阿廷也离开了德国，以避开希特勒的清洗。

陈省身见过希特勒。作为少数东方观众，他到过极为特殊的1936年柏林奥运会现场，而且是与华罗庚一起。华罗庚路经柏林，赴英国剑桥大学跟随数论学家哈代。他们一起去看奥运会。希特勒就在台上，试图通过一场盛大的体育活动证明雅利安人种的优越。

但是，柏林奥运会诞生的体坛巨星、4枚田径金牌得主欧文斯是一位黑人。“也很有意思，100米、200米跑得最快的是黑人，对希特勒是个打击。”陈省身回忆。

2001年，90岁的陈省身在中国数学界纪念华罗庚的一次活动上提起这次经历。中国运动员那次成绩不佳，没得任何奖牌。他说：“现在中国运动员在奥林匹克运动会上有很光荣的成绩。想起来，数学也有这个潜力，不过数学需要的时间长些。”当时，经过他多年的努力，“数学家的奥运会”——四年一度的国际数学家大会确定将首次在中国举行。

如果屏蔽掉希特勒和全世界越来越浓的火药味儿，陈省身的德国生活堪称舒适。受他影响，吴大任夫妇也到了汉堡。他们继南开大学和清华大学之后，第三次成为同学。他们常

1934 年，陈省身（右一）与吴大任夫妇（左一、左二）、周炜良（右二）在德国汉堡留学

在周末打桥牌。1935 年除夕，他们在汉堡的烛光中喝酒、吃饭、守岁。几个月后，他们同游瑞士。陈省身的留学经费是一年 700 马克，吴大任夫妇只有 400 马克，陈省身有时请吴大任夫妇光顾高级餐馆，而他是那里的常客。

陈省身很得意的是，他吃遍了汉堡所有的餐馆。“汉堡市区总共 200 来家餐馆，我家家去吃，无论贵贱，一家不漏。高级的饭店相当贵，我一样去，因为付得起。”

自入大学以来，陈省身对每个求学阶段的描述所使用的定语，就像是他一直置身于一个安稳的世界：南开“非常愉快”，清华“没有太荒废时间”，汉堡“很理想”，仿佛那些外界干扰——日本在九一八事变后路人皆知的野心、希特勒日益膨胀的狂热——并不存在。就在陈省身从北平到汉堡不久，北平的大学生就由于亡国的威胁，喊出“华北之大，已经安放不得一张平静的书桌了”的口号。

对时局，陈省身并非全无感知，他加入过北平学生的反日游行，也在天津有过街头行动。幸而，数学是他的镇静剂。

“我在汉堡的学术生涯是很理想的，但是政局不允许这

1934 年，陈省身（左一）、吴大任（左二）、姜立夫（右二）等在汉堡

1985 年，陈省身夫妇与凯勒夫妇在德国汉堡

种生活继续下去。”他提到过时局的影响。

希特勒影响了一大批科学家的去向。陈省身的朋友圈里，阿廷避走美国，凯勒则参加了德军，后被法国俘虏。法国数学大师嘉当等人说情，使凯勒有机会在战俘营里继续研究数学，陈省身给他寄过一些书籍。

在希特勒借以扬威的奥运会后不久，陈省身从德国来到法国，迎来了在他数学研究上“有决定性的一年”。

这项博士后研究起初平平无奇。在巴黎大学以数学大师庞加莱命名的研究所里，“法国巴黎索邦中国基金会博士后研究员”陈省身并不引人注意。

1936 年 9 月，布拉施克等师友到车站送陈省身赴巴黎

据韦伊回忆："对我来说，他当时仅是一位来自中国的、不知名的年轻人，见面不多便淡忘了。"

韦伊是布尔巴基学派的精神领袖，那是当时法国一些年轻数学家"反抗"前辈、寻找全新研究方向的组织。他在 1936 年秋天见过陈省身："朱利亚讨论班"——布尔巴基的前身，那一年的论题是嘉当的工作，陈省身是参与者之一。但六年后，当韦伊应一家数学期刊邀请，去评论陈省身的一篇几何论文，他发现："他的名字对我来说是陌生的。"

1936 年 9 月，67 岁、蓄着胡须、戴着椭圆形近视眼镜的嘉当迎来他的衣钵传人——25岁、法语不算熟练的陈省身。嘉当门徒众多，每周四下午接见学生，办公室外排起长龙。陈省身认为，“他是一个慈祥的人，绝看不出是几何大师”。

担任过法国数学学会和欧洲数学会主席的让-皮埃尔·布吉尼翁，曾于1990年7月对陈省身作过一次访谈。陈省身描述了他与嘉当的初次往来：嘉当给了他一个题目，他做不出来，不好意思再去。直到有一天，他碰到嘉当，只能以实相告。

“嘉当是个喜欢给你出许多小题目的人。”陈省身说，“我第一次见到他，他就给我出了一道题，给定一个几何结构，试着定义一个内蕴联络，能够反映出结构的所有几何与解析性质。当然，我对这个题目无能为力。”

大约过了一个月，他在庞加莱研究所的楼梯上遇到嘉当。握手时，嘉当问他：“你怎么没来找我？”

“我告诉他，自己不知道怎么解答他给出的题目。他回答说：‘没关系，有问题可以来找我！’”

他们“非常愉快”的交流由此开始。嘉当只讲法语，陈省身能够听懂，但他承认，最初几个月，“答复只好用笔谈了”。

三四个月后，嘉当请陈省身去家里面谈。陈省身猜测，嘉当的工作是“出名的难懂”，也许因为他对嘉当的指导总是有反应，因此得到这样的破例。

丘成桐认为，陈省身几乎是当时唯一能够很好地掌握嘉当工作的几何学家。

布吉尼翁记得，1984年，陈省身在“埃利·嘉当的数学遗产”会议上讲了嘉当的“活动标架法”，对他来说，这个工具简单易用。事实上，多数数学家做不到像他那样游刃有余。

在巴黎，陈省身两个星期拜访一次老师，嘉当会事先打招呼，每次约谈一个小时，没有闲话——“我的法文也不够谈闲话”。

“通常，都是他亲自为我开的门。他的书桌就在门的旁边。”他说，“我们的讨论可以持续大约一个小时，我把我在过去两个星期工作的成果以及遇到的问题用法语写出来给他看。就这样，他一边看，一边用法语作答。”

见面后第二天，陈省身常常收到嘉当的信，补充对前一天所谈问题的思考。这些信里说：“在你走后，我又思考了一下你的问题……”或者：“如果这样或那样做的话，也许很有意思……”

在1990年的那次访谈中，布吉尼翁问陈省身：“那一年确实很关键吗？”

他回答：“是的，确确实实很关键。那一年我写了好几篇文章，更重要的是，经过这一年，我读嘉当的论著觉得容易了。我能够或多或少地和他用同样的方式思考问题，这对我非常有好处。”

陈省身与嘉当住在同一条街，他们有时在街上偶遇。据陈省身回忆：“当你在街上看到他并且他有一些想法时，他会拿出一些旧信封写些什么，并给你答案。为了得到相同的答案，有时我要花费几个小时，甚至几天的时间。”

陈省身原以为会从事一年“无忧无虑的博士后工作”，没想到那是“艰苦奋斗的一年”。“十个月工夫全力应付每两个星期的嘉当会见，所以工作努力而精神愉快。这时期共发表三篇论文，但工作范围远超出这些论文的内容。”

曾经使陈省身羞于去见嘉当的第一个问题，他后来也解决了，发表了论文。

为陈省身写过一份学术传记的数学家滕楚莲和帕里斯指出，陈省身数学兴趣广泛，他的研究工作有一个共同的风格——他精通微分形式的运算技巧并将它巧妙地用到几何问题上。这是嘉当传给他的“魔杖”，“使他能以此进入数学上旁人难以进入的新领域”。

陈省身和布尔巴基学派的另一位创始人谢瓦莱合写过一篇介绍嘉当的文章。他们说：“（嘉当）去世之时，他的声望和思想影响均在全面上升。毫无疑问，他是本世纪（20世纪）最伟大的数学家之一，在他的身上，罕见地兼容了天才和谦

1984 年 6 月 10 日，陈省身出席纪念嘉当的会议，在嘉当的生前寓所与嘉当之子亨利·嘉当合影

逊这两种特质。”

这篇文章部分透露了陈省身作为嘉当传人的感受。他们将嘉当比作一位古生物学家，仅凭借一些遗留的小骨头的特性，就能重构史前生物的模样。凭借“非凡的几何直观”，他能够看到复杂计算背后的几何含义，甚至能够用几何的结论替代计算——这成为常人读他论文的一大障碍。

很多年后，杨振宁以“千古寸心事，欧高黎嘉陈”的诗句，将欧几里得、高斯、黎曼、嘉当、陈省身列为几何史上五位伟大人物。此诗流传甚广，吴文俊认为是“神来之笔”，陈省身则连称“不敢当”，他说，这只是杨振宁在跟他开玩笑。

“嘉当是超越不了的。他的数学能力绝对比我高。”陈省身摆着手说。他还强调，历史上真正伟大的几何学家也不止五人。

这对师徒在 1937 年 7 月作别。他们仍保持联系，但再也没有见面——在他们之间隔着一场世界大战，隔着死伤遍野的欧洲和亚洲战场。

这年 7 月 7 日，日本侵略军找了一个蹩脚的借口，在北平西南卢沟桥发动了七七事变，对中国不宣而战。此事发生在陈省身启程回国的三天前。这是将全中国拖入战争的开端，希特勒的欧洲之战要再过两年才会发动。

在陈省身动身回国两个多月前，他就获得了清华大学教

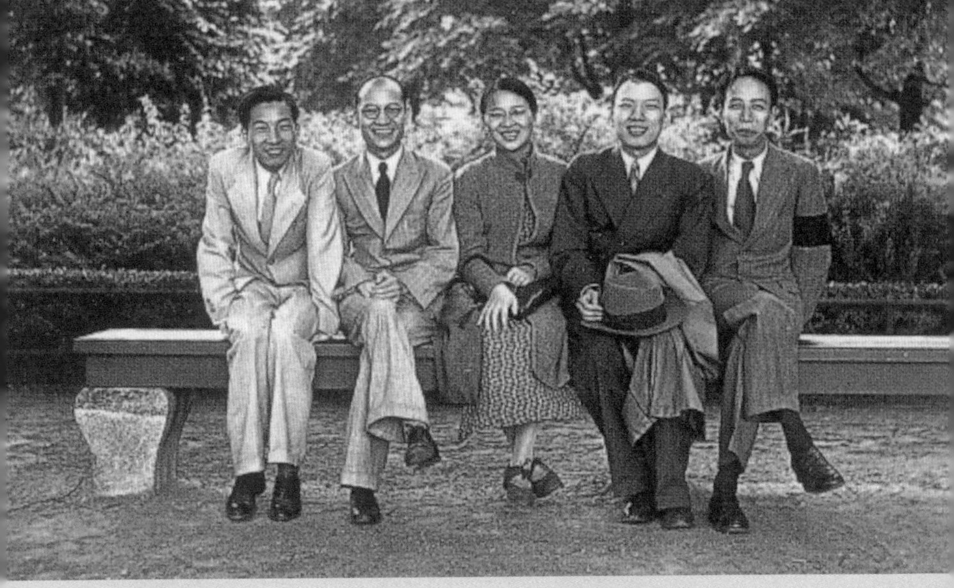

陈省身在欧洲与好友合影

职。他回国前，得知卢沟桥事变的消息，“心情自然沉重”。他甚至迁怒于嘉当门下的一位日本学生矢野健太郎，对其不加理睬。

在战争结束几十年后，当矢野健太郎已是日本几何学界权威，陈省身应邀为其论文集作序。他在序言里说：“当时我们都在做一个微分几何学家想要做的自然的事，那就是追随数学大师埃利·嘉当。”

被战火隔离 被世界注视

“皇后号”停止了前进。

远东第一大城市近在眼前，近到乘客们足以目睹一场战争的进行：从加拿大温哥华驶来的这艘客轮即将抵达上海，在长江入海口外，陈省身看到了冲天的火光。

战火就这样烧进了他的人生。他 26 岁，带着嘉当交给的“魔杖”，即将在一门抽象的学问里开疆拓土，然而等在他前面的却是现实战场。他目击了抗日战争中的第一场大型会战——淞沪会战，那也是整个战争中最大的一场战役。他回国前所忧心的卢沟桥的枪声，已由局部冲突升级为全面战争。他生活过的北平和天津都在事变后约三周内陷落。只用了很短的时间，日军占领了华北，开始争夺上海。

当这个年轻人漂在大西洋和太平洋之上时，中国的命运之舟也在浮浮沉沉：1937 年 7 月，他自法国乘船赴北美，在美国游历了一个月，转而登船赴上海。淞沪会战则始于 8 月 13 日，在他的目的地，双方投入约一百万人的兵力浴血缠斗了三个月。

在东海海面上，数学家陈省身发现他不得不更改坐标。他要去报到的清华大学离开了北平。他原计划，“将在清华园终此一生，做一点学问上我所喜欢做的事”。“不料连清华园的大门都没有看见。再到清华，已是十年以后。人生真如空中一叶。”

他的家人仍在沦陷的天津。他的母校南开大学几乎被日军夷为平地，成为整个战争里被毁的第一个中国文教机构。他熟悉的校园是日军炮击天津的主要目标之一。他所怀念的馆藏丰富的木斋图书馆消失了，校园里仍能挺立的建筑物只有他求学时的思源堂。一个叫山本实彦的日本人看到图书馆的珍本碎片弹到户外，又被风吹散，他在一份记录里写道：“有一个词是归于死灰，我觉得完全可以形容这里。”

在长江口外，“皇后号”的舵手更改航向，载着乘客停靠到香港。滞留一个月后，陈省身得知，被日军占领的清华大学、北京大学、南开大学三所卓越学府，应政府要求，在长沙合而为一，重组一所临时大学，定于 11 月 1 日开课。

他赶去长沙，清华大学和北京大学都给他发过聘书，他忽然成为三校的教授，在一所向“圣经学院”借来的校舍里，为惊魂未定的学生讲授微积分和高等几何。

他开课之时，也是淞沪会战的尾声。上海失守，随后那个冬天，南京也插上了太阳旗。日军在南京实施了残忍的无差别杀戮，制造了二战中的至暗时刻之一。

战争比杀红了眼的日军预计得要费时，他们原计划三个月内占领中国。

中国人的感受与此相反。战争推进太快，国土一片片丧失。陈省身记得，他的数学课只讲了一个学期，“长沙已成前线”。

他站上临时大学讲台的第一个月，日军的飞机就开始了对长沙的空袭。两个多月后，临时大学继续向东亚大陆腹地撤退：向西向南，到昆明，成立“西南联合大学”。

历史学家黄仁宇当时是南开大学学生。战争使学校搬到了他的湖南老家，但他认为，很少有学生在那个学期念到书，许多人很晚才从北方来到长沙。等到一切安排妥当，靠近上海的大前方阵线又已崩溃。撤往昆明时，“负担（得）起费用的人走海路”，“走陆路的步行团也组织起来，两个月期间的食粮，由政府配给”。

部分教授从长沙经广州、香港、越南来到昆明，陈省身

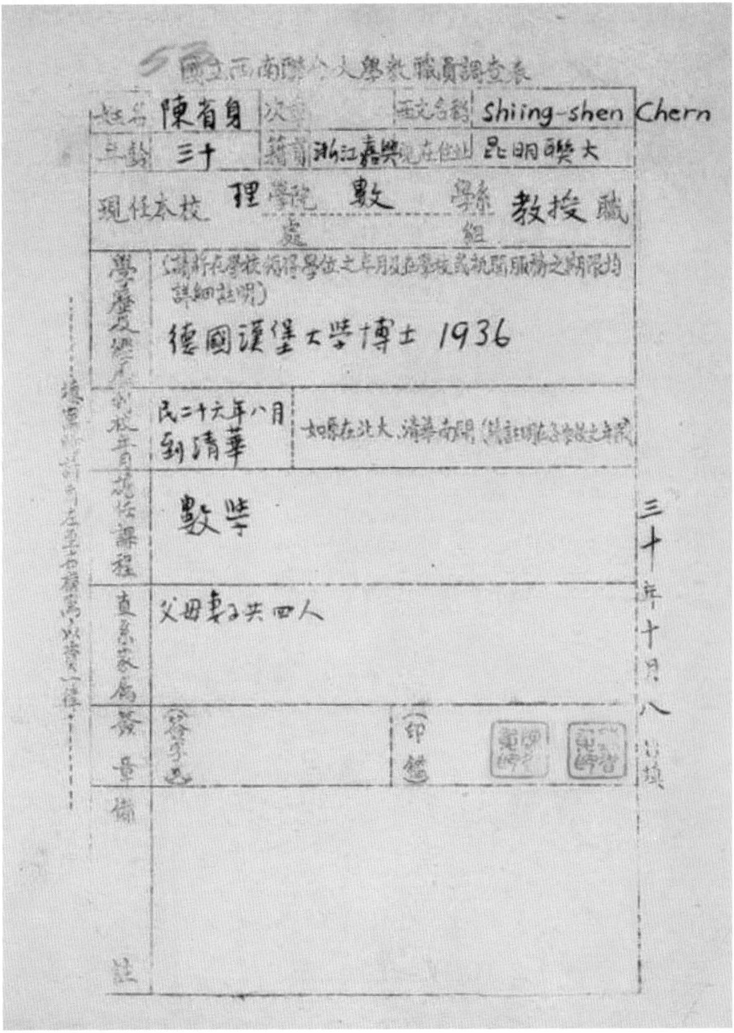

國立西南聯合大學教職員調查表

姓名	陳省身	次		西文名稱	Shiing-shen Chern
年齡	三十	籍貫	浙江嘉興	現在住址	昆明聯大
現任本校	理學院 數學系 教授職				
學歷及經歷	(請將在學校領得學位之年月及在學校或機關服務之期限均詳細註明) 德國漢堡大學博士 1936				
到校年月	民二十六年八月到清華	如係在北大、清華、南開(請註明在各校之年限)			
現任課程	數學				
直系家屬	父母妻子共四人				
簽章	(簽字)	(印鑑)			
備註					

三十年十月八日填

1941 年 10 月 8 日，陈省身填写的西南联合大学教职员调查表（清华大学档案馆藏）

即在其内。与他同行者包括北京大学校长蒋梦麟，他的清华大学同事杨武之，他的南开大学学长、北京大学教授江泽涵，他的物理老师饶毓泰。载着中国一批顶级知识分子的那艘小船“十分颠簸”，但这已算是受到优待的旅途。陈省身从前的生物老师李继侗则是步行团领队之一，带着师生在山水之间徒步跋涉了 68 天，行程逾 1500 千米，护送他们的将军把此次南迁称为中国历史上“第四次文化大迁移”。

不少学生为赴国难投笔从戎，黄仁宇是其中之一。他中止学业，考入军校，极为专注地练习军姿。

西南联合大学师生以他们的回忆拼凑出那段生活。诺贝尔物理学奖得主李政道说，教室是茅草屋，“外面下大雨，里面下小雨”。宿舍里都是连成排的双层床，吸血的臭虫很多，每两个月就要把被褥“放进一个大锅子中煮一下”，晒干一天，然后可以有两天没有臭虫。两天后，臭虫就会从隔壁床铺爬过来。

“可是这些并未阻扰我们求知做学问的精神。”李政道说。

“其实，我们那时候什么都没有。”陈省身说，“甚至于本来有的书都装在箱子里头，也不知道什么时候需要再搬，所以图书馆的先生们都不愿意打开箱子。”

他还说：“可是在那个情况之下，在昆明西南联合大学，大家的情绪很好，精神很好，有很多很好的朋友。”

在这所存在了短短几年的大学里，陈省身成为引起国际同行注意的数学家。他形容这段生涯“研究不断”，写了十多篇论文，涉及不同领域，“开了好几个高深的课”。仅在1940年前后，他就在美国普林斯顿的著名期刊《数学年刊》（*Annals of Mathematics*）发表了三篇论文。这份期刊还是首次刊发来自中国的研究成果。这是在“消息难通、文献奇缺”并且需要不时躲避敌机空袭的情况下实现的。“就数学而言，这是一段与世隔绝的时期。”陈省身说。

从1938年起，陈省身在昆明一直生活到1943年——那一年他应邀到普林斯顿高等研究院访问，完成了“一生数学工作的突破”。他认为：“但事前在昆明的准备，实为关键。”

滕楚莲、帕里斯等指出，陈省身在这段困难时期开始的研究工作，对于现代数学的发展具有极大的启示。

战时流离生活对那一批知识精英的影响，实难估量。一些人身中弹片，永远失去了生命；一些人则失去了学术生命。一位在此过程中停止了创作的作家赶到西南联合大学时感慨：“我简直连笔都不会用了。”根据其后人所述，他抚摸着自己的作品集，茫然地问：“这是我自己的吗？”

尽管人生频频被枪炮打乱，但在昆明，陈省身迎来了第一个学术高产期。他庆幸自己有嘉当寄来的论文可读。他曾写信告诉嘉当自己的处境，嘉当寄去一箱论文预印本。伴着昆明昏黄的煤油灯和刺耳的防空警报，陈省身花了大量精力研读嘉当和其他数学家的论文。

“国家在战争，学校在搬迁，谈不上图书设备。幸嘉当寄给我他的大批复印本，可以苦读。”陈省身不止一次告诉别人，嘉当一生所写的论文约有 6000 页，他“至少读了十之七八”，有的十分熟悉。对这段生活，他还说：“……学术固需交流，有段闭门精思的时间也是有益的。”

据陈省身所述，那时，海外邮件可以通过“驼峰航线”送到，因此，他与嘉当的通信没有完全中断。“我有时跟他报告我的工作。”

二战期间，驼峰航线是极为凶险的一条空中通道。有几年，日军切断了中国与盟国的交通。随后，中美联合开通了驼峰航线。无惧生死的飞行员们，穿过耸立如驼峰的连绵群山，穿过复杂多变的险恶湍流，穿过散落着失事飞机碎片的恐怖峡谷，运送着同法西斯作战所需的物资，许多人为此殒命。同时，他们也运送了一些难以估值的东西，譬如两代数学大师镇定的讨论。

风雨一点都不能侵入

同样的讨论，也发生在陈省身与美国数学界领袖人物维布伦之间。

1938 年，陈省身在《数学年刊》发表了第一篇论文《关于投影正规坐标》。这是由维布伦推荐的，他是陈省身未谋面的朋友。陈省身在巴黎时就与这位大数学家有过学术通信。在昆明，他持续把自己的论文寄给维布伦，请对方代为转投给数学期刊。

20 世纪三四十年代，维布伦正在致力于寻找全世界最好的科学家。他是新设立的普林斯顿高等研究院的第一位数学教授。这个象牙塔里没有学生，是纯粹的理论研究机构。它的诞生正是时候：维布伦和同事忙着解救纳粹德国的犹太科学家。爱因斯坦、外尔、冯·诺伊曼、诺特，希特勒把他们一个个赶走，其结果是，距纽约不远的这个小镇成了新的世界数学中心。

维布伦的目光也投向了东方。1942 年 4 月 22 日，在写给院长艾得罗特的一封信里，维布伦说："总体来看，陈的研究工作显示他是迄今为止我们所知道的最有前途的中国数学家。"

他建议，"我们应该请他来研究院工作几年"。

而在"一寸山河一寸血"的中国，西南一隅的昆明是一处庇护所。陈省身安下了家，妻子是清华大学数学系教授郑之蕃的长女、生物系毕业生郑士宁。婚姻主要介绍人是杨振

1939 年，陈省身与郑士宁在昆明结婚

宁之父杨武之。陈省身在清华大学的时候，追求他的女孩子“很不少”，但他“学问为重”，没有谈过恋爱。他到汉堡留学时，杨武之去信问他是否愿与郑教授之女通信。一切就这样开始了。在临时合组的大学，两个人再次见面，互有好感。1937 年 12 月，他们在长沙临时大学办了订婚仪式；1939 年 7

月，他们在昆明结婚。

这对新婚夫妇先是与几家人合租一栋住宅。合租者都是教授，包括姜立夫和饶毓泰。陈省身记得，从住处走到学校约20分钟，他与姜立夫有时同去学校或同归，“无话不谈”。

为躲避空袭，他们还曾与另一位婚姻介绍人、理学院院长吴有训同住一所房子。郑士宁那时怀了孕，陈省身“没有家事经验，相当狼狈”。幸亏吴太太热心招呼他们一起用餐，陈省身说，“等于做了她的食客”。1940年夏天，郑士宁随父亲去上海探亲，这年8月，她在上海生下儿子陈伯龙——但是，阴差阳错，等到二战之后，陈省身才第一次见到儿子。

与爱因斯坦、外尔这些天才类似，陈省身经历了一个渴望安静的数学家所最不愿意见到的乱世：军阀混战，世界大战，一次接一次的被迫迁徙和骨肉分离。

西南联合大学师生反复描述过他们朝不保夕的深切感受。陈省身岳父郑之蕃的遭遇可见一斑：他滞留上海，为了谋生一度告别数学，接受了一份在女子文理学院教中国诗词的临时教职，做过中学校长，直到战后重返清华大学。而在昆明，为了躲避炮弹，有时教授们需要躲到野地里去备课。

1939年，陈省身的嘉兴同乡、时为西南联合大学外文系学生的诗人穆旦在《防空洞里的抒情诗》里，描写了一次空袭：“我想起大街上疯狂地跑着的人们……当人们回到家里，弹去青草和泥土，从他们头上所编织的大网里，我是独自走上了被炸毁的楼……”

但是，如果仅凭陈省身有限的书面记录，很难看出这位数学家如何“弹去青草和泥土”。婚前，他与华罗庚及历史系教授王信忠合住了一年之久。宿舍里，一人一床一桌一椅，相当拥挤。他记得三个人清早还躺在床上就互开玩笑，“虽然物质上艰苦，但是生活也很有意思”。他和华罗庚在那间陋室里，朝着数学的不同方向作出了超前的探索。

陈省身言简意赅地提到过“日机轰炸频繁”，导致他由城里搬家到近郊的村庄。另一次，他谈到军阀唐继尧家的戏楼，那位获得国葬礼遇的“中华民国军政府元帅”去世十多年后，他赏过戏的戏台，睡下了中国知识界的一群“名角”：经济学家陈岱孙、作家朱自清、生物学家李继侗、外国文学专家陈福田住在台上，陈省身住在一个包厢。此时他又过上了单身生活，与在上海的妻子、在天津的父母隔了大半个中国。

盘旋在头顶的日机至少两次直接袭击了西南联合大学校舍。对师生来说，“跑警报”司空见惯。校长梅贻琦的日记里，频频出现空袭问题。在 1941 年 5 月 28 日外文系教授吴宓的日记里，记录了一次轰炸后房子漏雨的情形，提到了陈省身：“今晚，陈省身先生已经用他的行李包把窗口严密地堵起来，现在风雨一点都不能侵入。”

陈省身的记录通常只与数学有关。他不无自豪地提到，西南联合大学各学科中研究成果最突出的是数学。他和从剑桥大学回国的华罗庚、王竹溪联合举办过关于李群的学术讨论班，水准在国际上也属少见。“学术生活并不十分贫乏。”

在他看来，三校合一，师资不缺，反而给他更多机会从事研究，并能开设一些高深课程，如李群、圆球几何学、外微分方程等。

陈省身提到了一些“很好的学生”，以及他们对自己的反作用力。他课上的数学系学生王宪钟、王浩、钟开莱、严志达、吴光磊等，日后都成为名家。那个叫王宪钟的学生告诉别人，正是出于对陈教授的仰慕，从物理系转学而来；严志达也是选了陈省身的课，与陈省身合作了论文，由物理系转至数学系。

在听过陈省身课的学生里，物理系的杨振宁是一个“活跃”的学生。他记得陈省身是“极出色和受欢迎的教师”，学生们评价他上课像“变戏法”一样奇妙。

“后来，我听他在美国的学生讲，看他上课的板书，简直让人惊讶。”杨振宁回忆，“当他算一道题的时候，经常越算越长，写满了一黑板，而陈先生一点都不着急，依然有条理地算下去。算到最后，神奇的事情发生了：长长的演算一项一项都相互消去了，最后剩下了一个极为简洁的结果。我们都觉得他有一种化腐朽为神奇的力量。他屡屡在做这件事情，学生们觉得他上课像变戏法一样。”

杨振宁认为自己听过陈省身的好几门课。不过，他查了西南联合大学留存的成绩单，只能查到自己在 1940 年秋季学期选修过陈省身的微分几何。他在一篇文章里描述：“陈先生教课认真而有条理，记得我听课时对曲线和曲面的几何都很感兴趣。可是使我终生难忘的却是一件小事：我曾经想证明任何二维几何都和平面有保角关系。……苦思而无结果。有一天陈先生告诉我只要利用复变量，即可立即解决此问题。当时我的顿悟之感至今不忘。”

此时，何炳棣已在历史系任教。他在昆明街上初次见到陈省身，上前自我介绍和表达仰慕——在南开大学和清华大学时他陆续听过陈省身的传说。出乎他的意料，陈省身“毫不寒暄”，直接对他说：“你在历史方面的表现我早有所闻，希望你今后治史务必要选攻根本性的大课题，不断地追求最高的标准。”多年后，陈省身对初交之人的这番坦率，仍令何炳棣记忆犹新。

陈省身的兴趣全在数学。当时他已是国内“数得上”的数学家，在国际上也渐为人知。不过，他不满足于此。“但对于工作成就，衷心深感不满，不愿从此默默下去。”

1941 年 5 月 8 日，陈省身写信给维布伦，询问是否有机会申请一笔津贴，到普林斯顿高等研究院工作一两年。他对那个研究院并不陌生——1937 年，他第一次到美国游历，专门从纽约买了张地图，去了普林斯顿。

他随信附了一份三页纸的《我的科学研究简介》和一页纸的《我的学术生涯》小传，附了二十篇论文清单——其中十六篇已发表；还附了一篇未发表的论文《均向曲面的几何》，请维布伦代为投稿。维布伦认为，这篇论文“极其优秀”。

这封信里，陈省身提到了他在昆明遇到的问题：“目前设备匮乏的情况实在令人难以想象，但即便如此，我在过去的四年中还是坚持进行了工作。我在这一段时间里取得的成果随信附列，它们或许比我在欧洲学习那几年内的工作还要重要。”

6 月 2 日，维布伦回信说，已将论文交给《数学年刊》，随信附了去普林斯顿工作的申请表。

在陈省身给维布伦的那封信寄出七个月后，日军偷袭了珍珠港，将美国拖入二战。普林斯顿高等研究院面临经费短缺，为陈省身寻找其他资助也更加困难。他们迟迟未对他的申请作出回复。不过，根据普林斯顿高等研究院的档案，寻求经费的努力从未停止。维布伦和院长艾得罗特等人都在通过各种途径想办法。

1942 年 4 月 30 日，洛克菲勒基金会的一位代表回复艾得罗特："在此时刻基金会不会让一个中国学者来美国 。"

三周后，艾得罗特向时任中国驻美大使胡适求助。"我冒昧写信给您，是关于一位非常杰出的中国数学家的事……"他表示研究院很高兴接纳陈省身，但缺钱补贴他的旅费及生活费。中国政府也许可以想办法帮助这样一个人才。陈省身是"这一代人中最有前途的数学家之一"，资助他对他个人和整个中国数学都会有益。

往来缓慢的通信，让陈省身 1942 年休假去普林斯顿的计划落空了，但漫长等待没有消耗掉他的耐心。他持续写信，与美国的朋友讨论数学以及赴普林斯顿的可能性，并提醒他们，最好使用航空信以避免失联。

1942 年 8 月，他给维布伦寄去两篇论文，说自己的研究又有了新的进展，准备为此写一本书。12 月，他致信感谢维布伦帮他发表论文，并说："我仍然对普林斯顿的现状深感兴趣。继半年前缅甸之路被切断后，我们与外界的联系实际上就全部中断了，而这从某种意义上逼迫我们只好从事纯科学方面的研究工作。这也是为什么我还能继续撰写纯数学方面的论文。如果高等研究院能够为我提供津贴，我或许仍然可以前往美国。"

"希望您能就此给我一些建议。"他委婉表示。

那些论文使此时迁居美国的法国大数学家韦伊重新发现了陈省身。在巴黎时，他对这个中国人没什么印象。1942 年，《数学年刊》刊发了陈省身的论文《关于克莱因空间的积分几何》。应《数学评论》的邀请，韦伊撰文评论。

韦伊说，尽管论文有一些弱点，但总体来说，陈省身把布拉施克学派的积分几何工作一举推进到更高的水平。

“我感受到了通篇文章闪耀的非凡才能和深刻见解”，他后来回忆说，自己还与外尔谈到此事。他那时已听说，外尔和维布伦正在想办法邀请陈省身到普林斯顿，“尽管做这件事有巨大的困难”。

韦伊比多数人更清楚难度。战时，陈省身的一些朋友有沦为阶下囚或俘虏的直接经历：德国人凯勒上战场后，被抓进法国的战俘营，接着做数学；凯勒和陈省身共同的朋友、法国人韦伊则因逃避兵役被法国政府关入监狱，接着做数学。他们处于战场的两个对立面，又都守在数学的同一个阵地。

“他在监狱里仍在做数学。后来法国投降，不需要打仗了，他被释放。”陈省身说。韦伊此后来到美国，“由于战争，每个单位都在紧缩”，寻找教职也遇到了困难。

“珍珠港事件后，从中国到美国的旅行不只是冒险，而是充满风险。仅为获得必要的签证和乘坐飞机的优先权，就必须动用美国的全套外交手段。”韦伊说，“不用说，这些事我无能为力。因为我本人就是个无助的难民，被官方划为‘敌侨’。我所能做的只是向外尔表示我热烈赞同这个计划。我对1943年把陈省身请到普林斯顿来起了一点推动作用，这让我不无得意。”

终于，1943年2月1日，维布伦写信告诉陈省身：“经过与同事的商讨，我们非常希望你可以来本院工作一年。我十分确定可以为你取得1500美元的资助。”

同一天，维布伦仍在努力。他这天的另一封信写给美国国务院文化合作局远东分局，希望对方协助解决陈省身的旅费。他想让对方知道，中国需要培养少数人成为学术界的带头人，而陈省身正是“我认为有望在数学界担当这一职责的为数不多的中国人，也可能是唯一的中国人”。

这年3月4日的信里，陈省身告诉维布伦，如果没有旅费资助，他计划乘船前往，这样比较省钱。

海路充满不确定性。美国和日本正在太平洋上交火；二战时，德国神出鬼没的潜艇像狼群一样在各大洋围猎船只，令人惶惶不可终日。

“想到德国潜水艇的活跃，这条路线自然有相当危险。但我决心赴美，不顾一切困难。”陈省身回忆。

他后来回顾这一生时指出：“我1943年由昆明去普林斯顿是一生的大决定。”

他填写的那份申请表，不动声色地表明了决心。他写下三项雄心勃勃的研究计划：高斯—博内公式的推广；大范围微分几何和齐性空间的拓扑；具有 n 维空间且具有 P 维解形的 m 参数族的空间的几何。

这清楚表明，战火纷飞的岁月，这位数学家已经在从整体上考虑微分几何的发展，并且已在思考他此生最重要的课题——尝试证明高斯—博内公式，一个旷世难题。

他后来说，这个公式使他“着迷”，“当 1943 年我去普林斯顿时，它已为我在数学工作中最得意的一篇论文开了题”。

微分几何的新时代到来了

终于出发了。

现在，轮到陈省身跨过“驼峰”。1943 年 7 月 15 日，他乘着军机，掠过起伏的雪山，穿过喜马拉雅山上空厚重的云层。军机向亚洲送来兵力和军火，返程时，它搭载着一个渴望远离炮火的数学家。

为了获得这个座位，的确动用了“全套外交手段”，包括从普林斯顿寄给美国将军和中国驻美大使的信件。

同属西南联合大学的考古学家陈梦家一年后也经这条航

1943 年，陈省身在普林斯顿

线赴美。他在诗里记载："看不见喜马拉雅山 / 云雾堆成山 / 一切都太寂寞 / 这里是天上的沙漠。"

对这段旅程，陈省身则以三个字形容："可怕的"。

印度，非洲，南美洲，北美洲，旅

程分段前进，在大半个地球走走停停。每到一站，需要借宿在空军基地，等候军方安排下一程。

8月1日，他与一位中国物理学家在印度加尔各答等到座位。随后的六天，他们飞了四站。七晚只有两晚能够入睡，他“甚觉疲乏”。

8月14日，陈省身到达普林斯顿，“一切顺适”。档案显示他于8月18日注册。一周后，陈省身向梅贻琦校长写信报告：见到院长艾得罗特以及维布伦、爱因斯坦、冯·诺伊曼、莫尔斯等，“态度均极好”。院里给他拨了一间研究室，“甚为礼遇”。他表示希望停留两年，因为如要认真工作，一年“实觉太短”，但因是中国人，又受学校休假待遇出国，“对国内有若干责任，不便停留过长时间”。院长表示经济十分困难，“此次能予帮助，亦是帮助中国之意”。

“陈，你知道你那篇文章的审稿人吗？”见面后，外尔问陈省身。

那是陈省身一年前发表的有关迷向曲面的论文。他投稿后，收到回信，大意说“我们收到的稿件太多，难以处理，盼将大作收回”。过了约一个月，他又收到信：“一位审稿人阅读了你的文章，极力推荐，我们很高兴能够在《数学年刊》上发表你的文章。”

匿名审稿人所写的意见有十页之多，给予了好评，并提出改进的建议。

现在，陈省身终于知道，那位热情推荐他的审稿人，就是他十分崇拜的外尔——数学巨人希尔伯特的学术继承人。“我们有很多的来往，有多次的长谈，开拓了我对数学的看法。历史上是否再有像外尔这样广博精深的数学家，将是个有趣的问题。”他在一篇文章里称。

外尔则认为，从陈省身身上，他最终理解了嘉当的理论。这是一件看起来有点奇怪的事：欧美数学家以一个中国数学家为桥梁，读懂了嘉当。

陈省身喜欢普林斯顿高等研究院的氛围，这是他眼中世界上“最要紧”的数学中心——“最要紧”是他的口头禅，形容他对事物的看重。他告诉梅贻琦校长：“创办此所宗旨，原在作纯粹研究，故无任何礼节，极为自由。”

20世纪的天才们在普林斯顿小镇惺惺相惜。当时，院里共有六位数学教授。陈省身常到冯·诺伊曼家里喝酒聊天。这是他很佩服的数学家，后来的“现代计算机之父”。

他也多次到爱因斯坦家里做客。爱因斯坦的书架上放着老子《道德经》的德译本，他们经常谈到中国，爱因斯坦很同情中国。爱因斯坦建立的相对论用到四维的黎曼几何，物理和数学是他们绕不开的话题。

在陈省身眼里，爱因斯坦是一个“非常简单”的人。不

陈省身（右）与莱夫谢茨（图中）等在普林斯顿

过，爱因斯坦那时已经年老，“工作已经不那么重要”。“一个科学家真正做重要工作的时间不很长。做学问要年轻。”陈省身说。

许多年后，在爱因斯坦诞辰一百周年纪念会上，陈省身发表演讲，说自己到普林斯顿时，世界大战激战正酣，爱因斯坦“以非常的温暖和同情”欢迎他。“我能够时常同他讨论各种课题，包括广义相对论在内，是最大的幸福。我立即看到他的问题的极端困难以及数学与物理之间的区别。”

虽然普林斯顿群星璀璨，但陈省身说，他此时已不是学生，“对于传统的微分几何学，我的了解和我所掌握的工具，自信不在人下”。

来到普林斯顿不久，陈省身就完成了高斯—博内公式的内蕴证明。他 8 月到达，11 月 26 日，《数学年刊》接收了他一生中最重要的论文《关于闭黎曼流形高斯—博内公式的一个简单的内蕴证明》，这篇论文被视为“现代微分几何的出发点”。

“到后两月，即完成了高斯—博内公式的证明。这可能

1989 年，陈省身与好友韦伊在一起

是我一生最得意的文章。”陈省身说。

与数学史上那些传奇论文一样，陈省身的这篇论文十分简短。他 11 月写成此文。有一天，他遇见主持《数学年刊》的数学家莱夫谢茨。“他问我最近在做什么工作，我给他讲这个证明。开讲不久，他说停，问可否把此文投到《数学年刊》。”

高斯—博内公式是整个数学最重要、最基础的公式之一，用陈省身的话来说，这个公式“可说是平面三角形三角和等于 180 度的定理的推广”。高斯是微分几何的始祖。因为从事大地测量学与制图学的工作，1827 年，高斯发表了《关于曲面的一般研究》这篇开山之作。

平面三角形内角和等于 180 度是高斯—博内公式最简单的形式，最难的是将它推广到高维空间上。在陈省身之前，不少数学家向这个难题发起过进攻：外尔做过相关的研究；瑞士大数学家霍普夫在 1925 年的论文里把这项工作往前推进了一步；陈省身赴美时，韦伊刚刚发表了与数学家阿仑道弗合作的论文，他们的进展是证明了一般的高维黎曼流形的高斯—博内公式。“它立刻成为我们讨论的话题。”陈省身说。

韦伊当时在附近的理海大学任教，他们成为挚友。陈省身说：“有好多可谈的内容 。”

韦伊则回忆，他们很快就发现了很多共同兴趣：他们都对嘉当和凯勒的工作有深刻印象；他们都对高斯—博内公

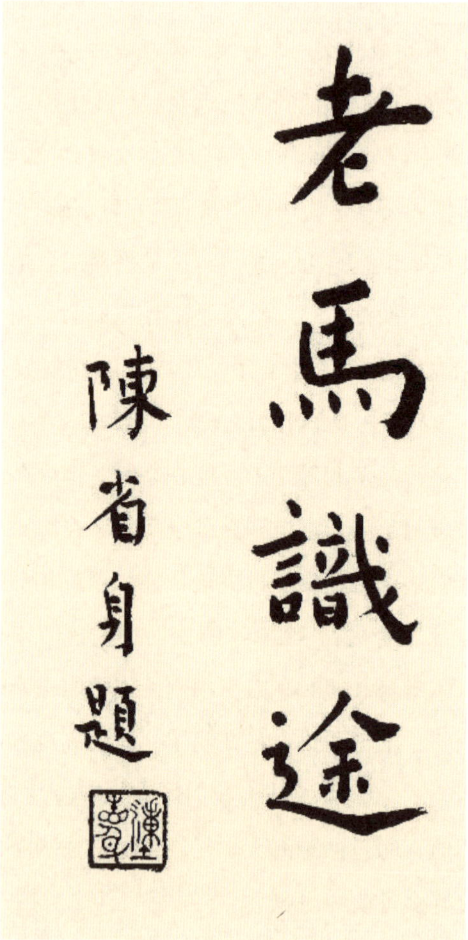

陈省身给韦伊的题字“老马识途”（按照中国生肖，韦伊属马）

式感兴趣；他们都开始认识到“纤维丛”在几何中的重要作用——这重要性当时还不明显。“更重要的是我们似乎对这些问题和对整个数学有许多共同的观点，我们都力图不管别人的先入之见，而直接对每一个问题从根本上下功夫。”

陈省身认为，韦伊和阿仑道弗的论文是“很了不起、很有发展”的。他从与韦伊的讨论中得到了启发。他的证明是全新的，运用嘉当的活动标架法，利用外微分的方法、纤维丛的观念，得到高斯—博内公式“最自然”的证明。

在其80岁时写的一份学术自传里，陈省身说，他清楚高斯—博内公式的最概念化的证明，是通过结构方程来表示联络形式的外微分。“根据我对二维情况的理解，我知道正确的证明应该建基于我们现在称之为超渡(transgression)的概念之上。”当时的困难有两处：其一是他当时对关于向量场的奇点的庞加莱—霍普夫定理不甚清楚；其二在于，不知道超渡应该是在球面丛还是主丛中实现，这就涉及一个“不平凡的”技术困难。现在有了庞加莱—霍普夫定理，只要考虑球面丛就可以了。

1990年的访谈里，陈省身告诉法国数学家布吉尼翁：“他们（韦伊和阿仑道弗）的方法是切割带边黎曼流形，然后粘贴起来，就这样反复进行。安德烈（安德烈·韦伊）问我，‘是否能找到一个直接的证明呢’？我自然去研究最简单的情形，也就是曲面，接着我就明白了，用超渡公式可以给出证明。”

“这个超渡公式不仅仅可以用来证明带边曲面的高斯—博内公式，也可以用来证明高斯绝妙定理。这个公式真是非常美妙。”陈省身说，“我对此感到很满意，因为在二维曲面的情形，即使像高斯和达布这样的大数学家也没有能够发现这个公式。……从那时起，问题就开始豁然开朗起来了。”

陈省身是第一个引入“超渡”概念的人，他的方法至今仍在使用。霍普夫评论说，“超渡”的引入，是现代数学史上最了不起的工作之一。

陈省身将高斯—博内公式证明的手稿拿给了外尔，外尔看后立即向他道喜。

问题一劳永逸地解决了。1944 年，《数学年刊》登出这篇具有划时代意义的论文。陈省身把高斯—博内公式从二维推广到了高维，此前没有人做到这一步。在霍普夫看来，推广高斯—博内公式到高维紧致流形上，是“最重要而困难的问题”。

比较了陈省身的证明和其他证明之后，韦伊说：“陈的证明第一次清楚地引入了内蕴丛，也就是单位长度的切向量丛上的运算，让整个领域的面貌焕然一新。”

谈到这篇传奇论文，陈省身曾说：“我走了不同的路，这需要能力。”

“在我 1943 年来普林斯顿之前，我就已经考虑过这一点，因此从某种意义上讲，我在普林斯顿的发展是十分自然的。”陈省身多次表示，这个证明的“原始想法”，他在西南联合大学时就有了。在昆明，他对高斯—博内公式简单的情形有个新证明。他还说，数学上的问题很多，有几个基本的问题，他是“整个都想的”，并且一直在想。

令他格外满意的是，这个证明有新见，既解决了技术上的困难，又开创出许多新发展，“这在科学研究是难得的”。

他也将原因部分归结到运气上面。“一个人许多事情靠运气，有时候你一做就很顺利。”不过，他也强调，就像地质学家在茫茫荒漠寻找石油，光凭机遇是找不到的，主要是靠知识积累和科学判断能力。

在《美国数学会通报》1998 年发表的访谈中，陈省身解释：“为了让你的思想付诸实践，你需要有技术上的天才。这不是轻而易举的，也不是只要你有想法就可以实行的。这是微妙的。”

陈省身完成他最重要的论文时，微分几何并非数学的主流。1943 年，陈省身到美国不久，和一位数学家聊天，对方问他在做什么，他说微分几何。

“It is dead.（它已经死了。）”对方随口说道。

数学家伯克霍夫这样描述 1938 年的数学界：“我们的年轻人很少从事代数或经典微分几何的研究，或者在 50 年前曾经非常活跃的任何其他几何学问题。”

美国数学会成立100周年时，几何学家罗伯特·奥瑟曼发表了一篇文章《几何学在美国的复兴：1938—1988》。“在时髦光谱的另一端，有些学科如偏微分方程、单复变函数论，早已被宣布‘死亡’多时，以至于连找一些吊唁者都很难了。”他指出，微分几何比这两个学科更糟，对学数学的人来说，“它连个选项都不是”。

陈省身标志性的论文“复活”了微分几何。二战之后，微分几何逐渐成了数学界长盛不衰的主流。

1945年8月15日，日本投降，二战结束，中国及其盟国获胜。在数学上，陈省身迎来了另一个胜利：1945年9月，美国数学会举行夏季大会，他受邀作了一小时报告《大范围微分几何若干新观点》，阐述了整体微分几何的新思想。

这篇演讲稿发表时，陈省身特地在首页标注，本文献给自己的老师嘉当。

因为二战，法国物资短缺，他不止一次从普林斯顿给嘉当一家邮寄食品。

1945年5月26日，嘉当在写给陈省身的信里说：“几天前收到了你的邮包，这使我十分感动。我和我的全家都要谢谢你。”

嘉当的儿子亨利·嘉当，是与韦伊等人一起创建布尔巴基学派的数学家；嘉当的另一个儿子，一位数学物理教授，则被德国处以死刑——战争离数学家很近。

在信里，嘉当告诉陈省身，自己的孙子将会津津有味地享用“由祖父最好的学生”从美国寄来的美味可可。“那大一些的孩子将会得知，这位年轻的数学家出生于中国，这对他们是一堂生动的世界地理课。”

嘉当逝世于1951年。1995年，世界反法西斯战争胜利50周年时，陈省身公开了他们的这次通信。“嘉当专心学问，一生过了平静的生活。”他说。

陈省身在美国数学会的那次演讲之后，霍普夫应邀为《数学评论》写了一篇文章，开门见山指出，陈省身的演讲，“标志着整体微分几何的新时代到来了”。

那之后的一个月，数学的“示性类”这个概念，也被陈省身“整个地改观了”。1945年10月，他完成了论文《埃尔米特流形的示性类》，引入了复流形上的一种新的不变量，被称为“陈省身示性类”。今天，“陈类”是数学的一个基本工具。吴文俊说，在各种示性类中，陈类是“最基本、最有应用前途”的一个。

陈类的灵感首次出现在1945年初。一个星期日，陈省身在图书馆里“随便翻翻”，灵感降临了。“普林斯顿大学的数学馆星期天是不开门的，但是每个人都有一把大门钥匙可以进去。我到图书馆随便翻翻，突然想到：何不用复向量丛试试看？……这就得到陈类。”

丘成桐认为，陈类理论远比陈省身证明的高斯—博内定理要影响深刻。它看起来只是陈先生学问的一小部分，但很重要，自己对此“极为景仰”。“我相信先生从高斯—博内定理那儿得到了启发，从而创造了陈类。”

布吉尼翁问过陈省身：“您什么时候意识到示性类的研究非常重要呢？”

“哦，从一开始就意识到了。要知道，那是我最初证明高斯—博内公式的时候。”

伍鸿熙认为，陈类的工作，与当时的拓扑学的主流“稍稍有些不合拍”。但是，自 20 世纪 50 年代开始蓬勃发展起来的代数几何，尤其是超越代数几何，使陈省身成了“一位不折不扣的先知”。

吴文俊指出，嘉当全部著作中的微分几何部分，几乎全部局限于局部性的微分几何。陈省身掌握了嘉当的要领，除了用嘉当的计算方法证明高斯—博内公式而轰动数学界，还用拓扑方法研究微分几何，引入纤维丛，引入陈类，使原来局限于局部研究的嘉当理论与方法可以拓展到大范围微分几何研究，“为微分几何开辟了一个全新的广阔天地”。

丘成桐说，许多大数学家都研究过整体微分几何，如科恩－沃森、闵可夫斯基、希尔伯特、外尔，但是他们的工作主要局限在三维欧氏空间中的曲面的整体性质。嘉当在微分几何上的工作在本质上更强调局部，除了他在对称空间方面的工作。陈省身则在内蕴几何和代数拓扑之间建立了桥梁。“回顾微分几何的发展历史,我认为嘉当是微分几何的祖父,陈省身是现代微分几何之父。”

振兴中国数学的第一次尝试

“交游广阔，生活十分愉快。”陈省身以此概括在普林斯顿的生活，他视此为一生中最丰饶多产的时期之一。但1945年，他决定告别这段生活，回到中国去。

随着两篇奠基性论文的完成，他在数学界的声望与日俱增。他创建了整体微分几何，他是纤维丛理论的创始人之一，一代又一代数学家即将在他开辟的领地上建起大厦。

“你稍微做出一点东西，就有人请你参加聚会。”陈省身说，“那时候，几乎天天晚上都会有人请你参加活动，喝酒，谈话。认识的或者半认识的、不认识的人，大家在一起。”

1945年上半年，陈省身原本没有回国的打算。他与韦伊等友人正在开展富有想象力的数学讨论——这些讨论的部分成果日后成为纤维丛理论的一个基本定理“陈—韦伊定理”。1945年3月，院长通知陈省身，再次延长了他的访问期，资助金额上调至1800美元，“你做的工作得到了高度的评价”。其他合作也在进行。7月，陈省身向梅贻琦校长申请延长休假一年，以完成与谢瓦莱合作的项目。

促使他改变计划的因素至少有两个。一是日本天皇在1945年8月15日宣布投降，自1931年以来，中国抵抗邻国蚕食、大半国土沦陷的日子终于结束。这个国家正要从十几年的炮灰以及更长时间的屈辱中爬起。

朱经武说，日本投降时，陈省身在普林斯顿的事业“如日中天”，他决定回国，只因他是一位深富家国情怀的爱国者。

此时，美国一些最著名的数学系空前地对一位中国数学家表现出了兴趣。它们考虑聘请陈省身任教，即使在他回国之后仍在努力争取。陈省身曾透露，1946年夏天，美国有大学约聘，待遇足够让他携家属赴美。当时他回国不久，希望为中国科学前途“有所献替”，婉言辞谢，“但接洽信件始终未断”。

陈省身的老师姜立夫在1946年5月赴普林斯顿进修，1947年2月14日，他写给“中央研究院”院长朱家骅的信里说，普林斯顿大学和哥伦比亚大学“争聘省身为教授，在接洽中”。

据朱经武所知，陈省身婉拒了这两所大学的聘请。

陈省身选择在1945年回国，另一原因是家庭。来自天津的电报给他带来了坏消息：母亲病重。多年流离，自他去汉堡留学，已有十多年没有见到父母了。

1945年12月18日，陈省身离开普林斯顿，从西海岸乘船赴上海。战后，越洋交通极为拥挤，他候船就花了两个多月；也是在等候中，他收到了母亲病逝的噩耗。此事成为他一生的遗憾。晚年，他将母亲的照片挂在床头，经常向身边人说起母亲。

1946年2月，陈省身终于在旧金山登船。2月24日，他从加州写信告诉普林斯顿高等研究院数学学院秘书布雷克女士，自己收到的消息是2月27日启程。他拜托对方将自己的论文寄送给多人。

普林斯顿再一次收到他的来信，落款时间是1946年4月2日。他从上海写信告诉维布伦和外尔："我回到上海已经十天了。……艰难困苦还没有结束……"他拜托研究院给姜立夫发一封邀请函，并告诉他们，华罗庚也有访美的计划——华罗庚是当时国际数学界关注的另一位中国人。

信里，陈省身向两位朋友更新了自己的动向："我曾与你们提到过'中央研究院'数学所，现在基本成型。鉴于目前的情况，研究所将临时设在上海。我受托代为管理这个研究所一段时间……"

1946 年，陈省身夫妇在上海的“中央研究院”数学研究所前

艰苦的战争过后，很多人、很多事都在等着陈省身：他与家人团聚，见了儿子第一面——那个男孩已经6岁。在这6年里，从昆明到普林斯顿，父亲始终在千山万水之外。他回天津探望父亲，并把母亲的灵柩送回嘉兴。

一南一北两个学术机构也在等着他。1946年5月4日，西南联合大学结束使命，清华大学与北京大学、南开大学复校，清华大学数学系有意请陈省身代理系主任，“中央研究院”则希望陈省身在上海筹建数学研究所。数学所的筹备处早在战时就已设于西南联合大学校内，由姜立夫负责，陈省身、华罗庚等5位数学家被聘为兼职研究员。战后，姜立夫要赴美，推荐陈省身代替他的位置。

陈省身回忆：“……战争结束时，姜先生奉派出国进修，他们就要我帮助姜先生办这个所。我答应了这件事。”

1946年4月，“中央研究院”聘陈省身为专任研究员。5月，“中央研究院”院长朱家骅致函清华大学校长梅贻琦称，因姜立夫赴美，拟请刚刚回国的陈省身任数学所代理所长，主持筹建。

清华大学理学院院长叶企孙则致信“中央研究院”总干事萨本栋，要求该院1946年9月前终止陈省身的聘期——清华大学定于10月10日复校，数学系须有陈省身在。

那些文质彬彬的信函里，记录着两个学术“重镇”对一位数学家近一年的“争夺”。1947年1月10日，梅贻琦给萨本栋和陈省身写信，希望陈省身早日返校。陈省身于这年春季回清华大学任教了一个学期，他向朱家骅院长表示，姜立夫先生回国之前，自己不敢推辞代理所长之职。但他已与校长商酌，将来所务“稍有头绪”，仍希望返回清华大学。

在姜立夫眼中，陈省身是不二人选，他的推荐理由写在从普林斯顿寄给院长的信里，从人品和学术上都力荐陈省身：“志趣纯洁，干练有为，与全院新旧同人相处融洽。其学业成就尤为超卓。所发表之论文能以少许胜人多许，所研究之问题极为重要，所得之结果饶有价值。不但美国数学专家一致推重，所见欧陆当世大师亦复交口称许。本院数学所长之选宜推省身第一。”

姜立夫建议，直接任命陈省身为所长。他早就作了决定。在美国，他就与到纽约看病的南开大学校长张伯苓约定，等他回国“必返南开”，“义难舍彼就此”。他于1948年6月回国时，直接去了南开大学，未去“中央研究院”赴任。

任命结果体现了多方妥协：姜立夫任所长，陈省身任代理所长。

在上海，数学所筹备处设在日本人的自然科学研究所，这是早年使用庚子退款开办的机构。“自然科学研究所有很多部分，我们就接收了数学的部分。”陈省身说。

在入侵者留下的遗址上，陈省身开始了振兴中国数学的第一次尝试。

战争对中国数学家群体的影响，在陈省身的朋友周炜良身上表现得十分明显。他们在战后的上海重逢。他们是同龄人，一同在汉堡留学，且租房同住。二人作息迥异，周炜良经常睡到下午两三点起床，因银行下午 1 点关门，他常托陈省身帮忙取钱。1936 年，陈省身出席过周炜良和他犹太妻子的婚礼。

1936 年博士毕业后，周炜良到南京的“中央大学”任教。然后，日本人进了城。他到了上海，成为一名进出口贸易商，正如陈省身的数学家岳父同期转行改去教诗词。

周炜良将他们的重逢视为人生的转折点。他 35 岁，偏离职业数学家的路径已有多年。

“很显然我得作一个重要抉择，或许这是我一生中最关键的选择，是否离开生意场而重返数学界。毕竟我已经 35 岁了，我获得博士学位已经是十年前的事了，而且自那以后我几乎没有接触过数学。看起来我已经不大可能做一个数学家了，这种处境使我如此沮丧，以至于我打算放弃数学。”周炜良回忆，“但是，与陈的谈话改变了我的想法，使我又看到了继续研究数学的希望。”

最后，陈省身将代数几何学家扎里斯基的一些论文预印本给了周炜良，并去信给普林斯顿的莱夫谢茨，推荐周炜良去访问。

一个商人消失，一个数学家回归。周炜良去了普林斯顿，后来成为约翰·霍普金斯大学教授、一流的代数几何学家。“他的再次投入相当成功，我简直视之为奇迹。”陈省身评价。

这就是陈省身在战后首先遇到的局面：中国数学界本就孱弱，战争的车轮又碾轧过一些有前景的从业者。

在1946年的中国办一个数学所，他认为，“第一要务是培养新人”。他致函各著名大学数学系，请对方推荐三年内毕业的优秀学生。应征者踊跃，招来十几名年轻的助理员。吴文俊就是当时经人介绍见到陈省身的；另一位数学家孙以丰则是被同学带去拜访。孙以丰记得，陈省身对不速之客并未表现不悦，反而兴致勃勃地谈论数学，临别时送给他们每人两份论文，正是那两篇成名作。

伍鸿熙认为，当时中国没有足够数量的数学家，陈省身务实地将这个数学所办成了中国第一个真正意义的数学研究生院，亲力亲为教授这些年轻人现代数学的基础，其中不少人成为下一代中国数学的领军人物。

“我找了一些刚毕业的大学生，一共有十几个，大部分是大学毕业三年以内。他们能做什么？我跟他们讲数学，因为当时要求他们作研究，除了少数例外，大部分不知如何着手。”陈省身为这些人选择的方向是拓扑。他解释：“我想，数学里面不需太多预备知识的是代数拓扑。”

据听讲者回忆，陈省身每周给他们讲课12小时，还常到他们的房间去讨论问题。吴文俊说，他们“实质上”都是陈省身的研究生,他视陈省身为自己的“数学研究启蒙老师”。

遇到陈省身之前，吴文俊是一位中学教师，他说自己的研究是“在暗中摸索”，直到陈省身为他校正了方向。

陈省身将“拓扑”戏称“托钵”，寓意是做数学要像僧人“托钵化缘”那样修行。

这个数学术语也影响了陈省身之女的取名：在这位数学家创办人生中第一个数学所时，那个女孩出世，得名“陈璞”。“璞”是一种美玉，也是对一段美好数学生涯的纪念。

从每周的拓扑课出发，吴文俊逐渐成为这个领域的重要人物。陈省身鼓励他写出了第一篇论文，并推荐他到法国跟随嘉当之子亨利·嘉当。20世纪50年代初，吴文俊和塞尔等四位年轻数学家的工作引发了“拓扑学地震”。吴文俊1951年回到中国，在漫长年月里一直是整个国家金字塔尖的科学家，第一届国家自然科学奖一等奖和第一届国家最高科学技术奖都表彰了他。

在“中央研究院”数学所，吴文俊管理过图书。他记得那个数学所规模很小，在二楼，最大一间是会议室，其次是图书室。陈省身拥有一间办公室，里面有架打字机，“陈师经常在上面用一个指头打字”。

有一天，陈省身告诉吴文俊，看前人的书是欠了前人的债，还债的方法就是自己写论文。他将吴文俊的处女作推荐发表在法国杂志上；把另一篇论文推荐给了《数学年刊》，那篇论文里，吴文俊对大数学家惠特尼的一个重要证明作了改进。

在欧洲，吴文俊说起自己的学术经历，往往引人惊叹。“我说起我与陈师本不相识，只是在‘中央研究院’数学研究所待了一年，从陈师学习代数拓扑，从此走上了拓扑的研究道路。闻者大为惊异，拓扑号称难学，一年就在拓扑上作出研究成果，认为不可思议，因而见人就说此事。”吴文俊说，“其实这并不可怪，这正好说明陈师善于提携后进，指导有方所致。如此而已。”

根据吴文俊等人所述，在那一年，陈省身从未给他们讲过微分几何，专注地讲授“托钵”之道。私下，他告诉吴文俊，他的主要目标不是拓扑，而是微分几何。“他说嘉当的理论是一个宏伟的结构，应该深入了解，但必须拓展至整体或大范围的情形。为此不能没有拓扑学的帮助。目前他讲授拓扑学，只是为此作准备而已。”

这些年轻人的成才比例高得惊人，成名者包括吴文俊、廖山涛、陈国才、王宪钟、周毓麟、杨忠道、陈杰等人。德国数学家希策布鲁赫、乌多·西蒙在一篇文章里说，中国在二战后崛起的著名数学家“基本上都是陈省身的学生”。

陈省身在此期间留给中国数学的财富，有些以书面形式意外留了下来：一些学生不约而同地收藏了听课笔记，他们经历了动荡年代，失去的财物不计其数。周毓麟说，那本发黄的笔记本，始终在他的书架上占据着醒目的位置。令他欣赏的不仅是引人入胜的授课，还有那被不同年代数学家称颂的神奇板书。“你只要一行一行抄下来，就不需要再整理了。”他说，“这些笔记真让我喜欢，对我特别有用，觉得就是我的学问。”

另一位院士万哲先将笔记捐给了清华大学。1947 年上半年，他听了陈省身在清华大学的高等几何课。根据他的描述，陈省身讲课准确到“几乎没有一句多余的话”。万哲先一直将笔记“视为至宝”。一本笔记在动乱中不知去向，他心疼不已，将拓扑学笔记捐给学校收藏。他感到遗憾的是，那是陈省身在清华大学任教的最后一个学期，那年 6 月，他就返回南方继续去做“代理所长”。

与姜立夫一样，陈省身看重图书文献。他从美国带回大量论文，让年轻同事去影印并装订成册。孙以丰记得，当时国内获取资料不易，拓扑学家斯廷罗德发表了新论文，陈省身写信向对方索取，让有兴趣者都在信上署名。斯廷罗德寄来十多份。

陈省身的另一选择也与姜立夫保持一致：从筹备之初，数学所就只请了一位管理员，“一切从简”。他认为自己的老师“只求切实工作”，所以他坚持了这样的风格。

等到 1947 年“中央研究院”数学研究所在陈省身手中正式成立，“没有任何仪式”。他素不喜欢种种官方程序。晚年，他对中国科学院一位科学史学者谈起此事，说：“我不搞这一套。”

中国最年轻的院士

1948 年春天，“中央研究院”将几个研究所从上海迁至南京。数学研究所暂借了物理研究所的房子，并在九华山选址，兴建办公楼和住宅。

这年 3 月 27 日，“中央研究院”选出第一届院士。陈省身是 81 位院士中最年轻的一位。他不满 37 岁，首轮投票就胜出，仅比姜立夫少了一票。5 位当选院士的数学家以这对师徒得票最高。

1948 年 9 月，“中央研究院”召开了第一届院士会议。在陈省身的记忆里，1948 年秋天，南京举行了许多学术会议，

1948 年，“中央研究院”成立二十周年纪念会暨第一次院士会议合影（后排左四为陈省身）

院士会议盛况空前，“一派歌舞升平的气象”。

筹办数学所时，陈省身曾计划邀请外尔到中国讲学一年。他说服“中央研究院”给外尔寄去1万美元经费。外尔的中国之行没能实现，退还了费用，有外尔的家庭原因，也有时局的影响：旷日持久的抗战结束，内战又爆发了，国家仍然动荡。

普林斯顿高等研究院档案显示，1948年11月9日，陈省身给普林斯顿大学数学系主任莱夫谢兹写过一封信，请对方代为询问适合的教职，他需要带上妻子和孩子。

在信里，这位数学家说，米和燃料等日常生活所需消耗了他大量的精力。“总体形势非常不稳定，而且现今的状况比战时更加恶劣。无论最终结果如何，这几年内想在中国进行数学研究并取得实质性的进展，我觉得希望不大。你知道我一直对我的国家抱有很大希望，而且到目前为止还没有因为困难而放弃。然而，事到如今我或许无法继续做任何工作。”

莱夫谢兹感到，陈省身是众所周知的一位“最后的武士”，他这样讲，“形势一定是非常糟糕”。

此时，陈省身的国际声誉仍在上升。按惯例，国际数学联盟提前确定国际数学家大会报告人。陈省身接到邀请，将要在哈佛大学举行的1950年国际数学家大会上作一小时报告。一小时报告是国际数学家大会最高级别的报告，大会半个世纪的华丽报告人名单上，首次出现中国人的名字。

更为难得的是，这是1936年以来的首次国际数学家大会。自19世纪末诞生以来，国际数学家大会基本保持着四年一届的传统。二战后，国际数学联盟经过了重组。因此，这次大会意义非凡。陈省身说："因为是十几年不开会，可以作报告的人很多。那时候公认是微分几何我最要紧。他们那时候选我作一小时报告，我还在南京，我在中国，他们就选了我。"

韦伊也是那次会议的报告人之一。他说，他知道陈省身在南京办数学所，"并怀着对他的命运的日益担忧，密切注视着中国政治和军事的发展"，维布伦和外尔显然与他"同样关切陈的命运"。

今天已经很难判断陈省身写给莱夫谢兹那封信的送达日期。事情显然是双向同时进行的——就在陈省身写完那封信的两天后，按照当时的邮路速度，信应仍在途中，普林斯顿高等研究院院长、"原子弹之父"奥本海默的助手收到一份备忘录，是维布伦建议送交奥本海默的有关陈省身的材料。

一周后的11月19日，奥本海默给陈省身发去一封电报："如果你需要我们在接下来几个月里做什么事便利你来美，请告知。"

两天后，陈省身在南京收到电报。11月22日，陈省身给奥本海默回信，确认将赴美；他同时致信外尔，说自己昨天收到了奥本海默的电报，感谢外尔和数学学院朋友们的帮助；韦伊也收到了他的电报。

1948 年最后两个月里，陈省身通过密集的电报和信件，确认了他越洋迁徙的细节。11 月 27 日和 29 日，他给奥本海默都发了电报。12 月，他给奥本海默至少写过 5 封信，22 日的信里显示进展顺利——他告知了出发日期，并请奥本海默将信转给在加州大学伯克利分校任教的语言学家朋友赵元任；他获得了普林斯顿高等研究院一份三年的合约，年薪 4000 美元。这份合约是为了帮助他摆脱复杂时局而临时设定的。

差不多同期，印度的塔塔研究所也邀陈省身去工作。“那是塔塔研究所的首席教授克萨姆比建议的，因为他对我在道路几何上的工作知之甚深。”陈省身说。

1948 年最后一天，陈省身一家四口在上海乘上飞机。

1949 年元旦，陈省身一家抵达旧金山。随后，在芝加哥大学任教的韦伊，在芝加哥火车站接到这家人。他看到陈省身不足两岁的女儿被裹在白色裘皮里，陈省身则戴着一顶裘皮帽，像是一位将军。

“我因忙于工作，未能深切了解时局的变化。……只是两年多的心血辛苦，弃于一旦，离开南京时的情绪是悲凉的。”陈省身这样描述自己的心情。

对做了近三年的代理所长工作，他总结：“三年的工作并未浪费。当时的青年研究人员都能坚守数学岗位，有的作出了杰出的成就。”

陈省身出发时，数学所在南京的房子已竣工，但那里还没有来得及写下任何一道公式。据一位近代史学者所述，当时，南京的数理化中心将近完工，数学所“只余门窗等尚未装妥”。随着国民党的溃败，1948 年 12 月初，数理化中心的工程停工，剩余木材另作他用：直接做成木箱，装运图书和仪器。

据孙以丰回忆，到 1949 年 3 月末，空置的数学所被一支由长江以北撤来的地方保安队强占，“没几天他们也逃之夭夭了”。这只是大变局里一次并不起眼的溃逃。国民党一直向南，退到了那个孤悬的海岛。那个数学所，很长时间只存在于台湾大学的一间教室里。

03

他就是微分几何

数学王国的缔造者

1949年开始，陈省身迎来属于他的几何时代。春季学期，他在普林斯顿主持了“维布伦讨论班”。讲义整理为油印本《微分几何若干论题》。他的论文和讲义，成为全世界数学家认识微分几何的一种基本文献。微分几何在他的浇灌下，成为数学的一个主流领域。

“对我们的大多数人来说，陈省身教授就是现代微分几何。而我们，作为他的学生，感激他把我们引导到这片肥沃的土地上。”以阿蒂亚—辛格指标定理闻名的数学大师辛格这样说。

在那篇回顾美国数学史的著名文章里，奥瑟曼断言：“使几何学在美国复兴的一个决定性因素，我想应该是陈省身于20世纪40年代后期从中国来到美国。”

这次，陈省身在普林斯顿只待了一个学期。他选择了芝加哥大学的教职，部分原因是好友韦伊在那里。他解释说，那是芝加哥数学的黄金时代。数学界有个“斯通时代”，二战后，斯通负责重组芝加哥大学数学系，“他请了几个很好的人”。

1948 年深秋，韦伊收到陈省身从南京发的电报时，斯通正在南美旅行。韦伊立即与斯通互发电报。按照他们的建议，芝加哥大学数学系的教授表决，推荐聘请陈省身为正教授。

1950 年，陈省身与女儿陈璞

20 世纪 50 年代，陈省身一家在芝加哥

但随后的几个月，这个教职却在校方受阻。“他们显然认为，陈是一名难民，能以较低职位聘得。战时的切身经历使我对这种态度深有体会。”韦伊说。这一波折促使斯通返回学校，他抗议说，如果陈省身不是正教授，自己就将辞职。校长正因流感休假，不得不出面解决问题。

最终，陈省身自1949年7月起被聘为正教授，年薪9000美元。他接替了退休的莱恩教授的教席，巧合的是，莱恩是他的清华大学导师孙光远的博士生导师。

“学术界很少有人注意到传统上美国第一流大学从来不聘华人为正教授。”何炳棣说，当年偶尔有自校内循序升到正教授的华人。打破“玻璃天花板”的第一例是芝加哥大学1949年聘陈省身，芝加哥大学于20世纪60年代聘何炳棣为历史系正教授则是另外一次。

作为陈省身在芝加哥大学“大范围微分几何”课上的学生，辛格记得，学生们对陈省身能有效地运用微分形式感到惊异和好奇。“那是一间三面都是黑板的房间，我们在所有的黑板上写满了‘联络’的定义。”那时，人们还不太知道微分形式。

辛格一直对陈省身执弟子礼。1991年，辛格为陈省身80岁寿辰写了一篇文章。“我无须在此强调众所周知的事实：陈省身把大范围微分几何引进了美国数学，并使微分形式的使用成为这门学科的主体。”他这样写道，“与数学的其他学科相比，对几何学下定义很难，但无论几何学是什么，半个世纪以来，正是陈省身告诉我们应该如何去做微分几何。”

陈省身在芝加哥大学任教至1960年，下一站是加州大学伯克利分校。他参与了芝加哥大学数学黄金时代的缔造；而在伯克利，他领导建立了一个世界级的几何学中心。如伍鸿熙所言，陈省身是一位“数学王国的缔造者”。

对于此次迁徙，陈省身透露，伯克利数学系主任埃文斯多次询问他的意向，等到埃文斯面临退休，陈省身认真考虑了此事。“确实，我有时想到，自己年纪大了，伯克利较温暖的气候很有吸引力。当然，伯克利数学系在扩展，空运的发达已使加利福尼亚不再像从前那么孤立等因素，亦促成了我的这次迁居。”

陈省身向西迁徙的同期，韦伊向东去了普林斯顿。芝加哥大学岁月是两位数学大师“学术上富有成果的时期”。他们常常一起沿着密歇根湖的南岸长距离地一边散步一边讨论数学。他们在办公室里讨论，在家里讨论，更多是在附近公园里讨论，“在一切时候讨论”。

“像我们曾戏言的那样：他迁往伯克利，离中国近了些；我迁往普林斯顿，离法国近了些。”韦伊说。

20世纪50年代，陈省身考虑过回国。他说他始终在考

陈省身在伯克利的办公室里

虑这个问题，因此连芝加哥大学的教授退休制度都未参加，预备做几年就不做了，“我是准备要回国的”。

那时，南开大学的吴大任夫妇也收到过陈省身的来信，知道他回国的意向。

但在当时，他举棋不定。晚年，他解释，当时“时机不成熟”；与此同时，他也迟迟没有加入美籍。

渐渐地，用朱经武的话来说，“原以为一年半载……一变就是数十年的居留”。

1960年，陈省身得知自己可能当选美国科学院院士，并意识到，拥有美籍是必要前提。他临时申请了入籍。他拿到美国身份时，距离当选院士不到一个月。他是美国科学院院士里的第一位华人数学家，院士资格则是影响他入籍的“首要因素”。

1967年的一天，何炳棣听到一位数学家在饭桌上饶有兴致地议论加州大学系统的教授薪资。美国前总统里根时任加州州长，规定教授年薪2万美元以上者须经董事会通过，只有诺贝尔奖获得者年薪可以达到2.8万。加州大学系统十所学校，年薪最高的是陈省身：3.1万美元。

伍鸿熙认为，陈省身于微分几何界的领袖地位，在伯克利时期得到了加强。他1960年来到西海岸时，美国数学的顶尖研究“似乎是东部的特权”。“他的到来立刻便吸引了一群年轻的几何学家。伯克利在1960和1970年代（20世纪60年代和70年代）成为全世界的几何中心。”在那里，学术活动的核心人物就是陈省身，他是诸多学者访问伯克利的“主要原因”。

“陈氏亦是数学界的领袖人物。我们通常很难见到卓越的数学天赋与高超的政治艺术被同一个人所具有，但陈氏却恰恰是这样一个罕见的例外。”伍鸿熙评价。

据伯克利数学系另一位教授罗伯·柯比回忆，每当他们要向校长提出“特殊要求”，总是带陈省身一起去，总是奏效。“他有一种分量，一种庄严感。不知怎么，他总能让人听他的，然后常常照他的意思去做。”

罗伯特·格林记得，大量的访问者表示，对于几何学家而言，“条条大路通向伯克利”。人们到伯克利展示他们的结论，不论这些结论与陈省身的个人研究兴趣是否相关。因为他在伯克利创造了一个环境，让几何学在各个方向都能蓬勃发展。

“几年的努力，确使加大成为一个几何和拓扑的中心。”陈省身这样概括伯克利岁月。

从芝加哥到伯克利，经陈省身指导的获得博士学位的研究生有 41 人，许多人成为著名数学家。在芝加哥，他的学生里有一位是廖山涛，自西南联大、“中央研究院”数学研究所就一直追随陈省身。廖山涛回到中国后，成为国内最为杰出的数学家之一。在伯克利，陈省身最出名的学生无疑是菲尔兹奖得主丘成桐。

不过，数学大师格里菲思强调，陈省身的影响不限于他名下的学生。他的数学课，以及流传的讲义，从某种意义上，造就了整整一代的微分几何学家。

格里菲思在普林斯顿大学读到陈省身的油印本小册子《复流形》，对大范围微分几何发生兴趣。导师建议他夏天到伯克利去。这个一年级研究生坐上火车，带着介绍信，去了陈省身的办公室。“整个夏天他是我的老师和同事”，格里菲思回忆，这段经历对他来说是“决定性的”。他说，刚起步者需要知道比事实和技巧更多的东西：吸收一种数学的世界观，一组判断问题是否有意思的准则，一种向别人转递数学知识、数学热情和数学味道的方法，“人们可以向陈省身那样的人学习很多东西”。

罗伯特·格林在1965年转学到伯克利，来到“微分几何的世界”，渴望听到陈省身的课。“当然，教室里挤满了人。”他说，“这位大师是最伟大的大师之一。”

根据格林的回忆，陈省身上课不带任何笔记，却在黑板上写满复杂的公式，“从来不犯错误”——就像周毓麟在“中央研究院”、万哲先在清华大学所见到的“你只要一行一行抄下来”的板书。

格林在一篇回忆文章里记录了陈省身说自己头脑里“有一块黑板”的说法。“这样说是如此文雅，没有一点自我吹嘘的成分，因为这仅仅是对于他那无法效仿的教学风格的一个简单介绍。然后，他用稍感遗憾的口吻说，‘如今，当我在思考一些新东西时，有时不得不使用铅笔和白纸’。”

与陈省身接触更多后，格林发现了另一惊异之处：“他能感知到数学领域中接下来会出现什么，数学将向何方发展。”

韦伊在为陈省身论文选集撰写的序言中说：“无论如何，如果没有嘉当、霍普夫、陈省身和另外几个人的几何直觉，本世纪(20世纪)的数学绝不可能有如此惊人的进展。我深信，只要数学继续发展，就永远需要这样的数学家。”

把陈省身的合作者相加，足以构成数学史上的重要篇章：谢瓦莱、希策布鲁赫、塞尔……合作者之一、数学大师尼伦伯格说：“陈省身令人惊羡的天才之一，是进行复杂计算的能力。无论计算多长多复杂，他都不在乎。”他和陈省身就一个问题讨论过多次，有时遇到多重线性代数中的一些复杂不等式，他不知如何处理，问陈省身，陈省身说：“哦，是的，

陈省身应邀在法国尼斯举行的国际数学家大会上作一小时报告

这只要……”当场就计算出来。“一篇论文就这样完成了。”

随着年岁增长，陈省身开始和比自己年轻的作者合写论文，例如博特、格里菲思、莫泽、西蒙斯。1950年、1958年、1970年，陈省身三次应邀在国际数学家大会上作报告，这在数学史上是少有的，一定程度上证明了他的数学生命之持久。

丘成桐认为，陈省身在20世纪70年代与西蒙斯合作的陈—西蒙斯不变量，以及与莫泽合作的陈—莫泽不变量，是他“两项最后的重要工作”。“陈省身有着惊人的为重要几何结构创造不变量的才能，在我所认识的数学家中，无人能出其右。”

西蒙斯是陈省身所列的数学上六位亲密朋友之一。陈省身称他为“传奇人物”——他是著名数学家，也是金融巨头，是富豪榜的常客，他还创立了全世界最成功的对冲基金。

当年在伯克利，西蒙斯见到一位穿着斜纹夹克的高个中国人。“我问别人他是谁，当我听说他是陈省身，我当时惊讶的程度，你可以拿一片羽毛就把我击倒。”在西蒙斯想象中，陈省身是个矮个子。西蒙斯毕业于麻省理工学院，迷上了微分几何。数学家安布罗斯和辛格都告诉他，学微分几何就去找陈省身。西蒙斯去时，恰好陈省身在欧洲访问一年，他只好自学，不时张贴一个告示，请大家来听他讲某个题目。

陈省身、杨振宁与西蒙斯夫妇在一起

据陈省身说：“他（西蒙斯）讲得好的地方，同学们去听，后来教授也去听。”

陈省身返回时，西蒙斯已经选了导师，但他们依然密切交往。他们在 1974 年发表了论文，提出新的几何不变量。出乎他们的意料，成果被物理学家使用，成为理论物理和凝聚态物理的一块基石。

西蒙斯这样描述陈省身对自己的鼓励：“当我证明了一个关于极小子簇的定理，打电话告诉他时，他说：‘噢！整体的。整体的定理非常好。发现一个漂亮的整体定理总是很难得的。’这对我真是莫大的鼓舞。那一刻，我只想飞快地跑回家，然后证明一百万个整体的定理。”

数学家约翰·米尔森回忆，他们这些学生感到幸运的是，当时就接触到了陈—西蒙斯不变量，这在当时是全新的理论。陈省身当时就知道它们会很重要，但是他不大可能预料，它们像后来被证明的那样重要。

米尔森 1968 年进入伯克利，他不是每节课必到，但陈省身的讲座他“从不缺席”。他还记得，陈省身给本科生开几何课。有一年，一个本科生给陈省身填写的教学评价：“他似乎懂这门课。”很长一段时间，这成为伯克利研究生中流传的一个笑话。

这像是在表扬迈克尔·杰克逊似乎懂得节拍。

我为什么喜欢陈类

认识陈省身数年后，外尔致信一位数学家说：“现在很清楚，任何人都很难去反对像陈省身这样一位极具魅力和才华的真正高尚之人……”

沃尔夫数学奖得主、德国数学家希策布鲁赫 25 岁那年到美国度蜜月，在芝加哥认识了陈省身。41 岁的陈省身和他平等地谈话。“我所有的害羞胆怯都消失了。”希策布鲁赫说。他早些年跟霍普夫学习时，陈类刚刚诞生不久，就表现出很好的性质，成为他青年时期的一个“美好的回忆”。此后他的工作就与陈类密不可分。

因为陈省身，希策布鲁赫常常访问伯克利。他记得那里的各家中餐馆，以及陈省身在埃塞利托小城里美丽的家。希策布鲁赫在陈省身家寄存过家用电器，有一次还从那里借过一辆汽车。

1998年，在伯克利举办的一次向陈省身致敬的几何研讨会上，希策布鲁赫作了一个著名的报告。他俏皮地说：“Chern has a beautiful character.”这是数学家的浪漫，它表示“陈有美好的性格”，也表示“陈类有很好的特征”。

这位将陈类发扬光大的数学家，报告标题也用了双关——“我为什么喜欢陈类”。

研讨会是由伯克利数学系和美国国家数学科学研究所（简称MSRI）联合主办的。1981年，陈省身70岁，成为这个研究所的创始所长，由此可见他的影响力。

早在1962年，陈省身就出任了美国数学会副主席。美国数学会曾有意请他出任主席，但他得知需要处理杂务，平均每两个月就要出差一次，拒绝了。他说，他能够接受的行政工作仅限于数学所所长。

陈省身获得的部分奖章

在学术上，陈省身不断地收获荣誉：1975 年，美国总统授予他国家科学奖章；1983 年，美国数学会授予他终身成就奖斯蒂尔奖，颁奖词称他为“半个世纪以来微分几何界的领袖”；一年后，他获得全球数学界最高奖之一的沃尔夫数学奖，“此奖授予陈省身，因为他在整体微分几何上的卓越成就，其影响遍及整个数学”。

20 世纪 60 年代，美国国家科学基金会的一次咨询会上，科学家们被问到一个问题：“你所在的学科，怎样才能取得飞跃？”一位数学家回答：“对数学来说，设立两个（普林斯顿）高等研究院—— 一个在中西部，一个在西海岸。”

美国国家数学科学研究所就是在此背景下设立的，定位是与私立的普林斯顿高等研究院“相似而不相同”。它设在伯克利，但独立于大学，不受大学管辖，由国家科学基金会出资。众多申请书里，陈省身、摩尔、辛格提交的提案胜出。

据陈省身回忆，二战后，美国科学经费激增，时常有人提出创办数学所的计划。这个数学所在美国是个“创举”，也是二十多年争论的结果。

政府拨款，竞争者众，为什么交给陈省身来做？他多次

1982 年，美国国家数学科学研究所成立招待会

开玩笑解释："一个公司的总经理出缺，要在董事中挑选一位来担任。每位董事都想当总经理，但董事会投票时不准投给自己。于是，大家投票时都把自己的一票投给最不可能当选的人，以保证自己的票数为最高。结果呢，是最不可能当选的人当选了。实际上，可以说我在数学界跟人的关系很好，大家对我很放心。"

这是陈省身创办的第二个数学所。他只肯做一任所长。一个原因是，他已在筹划，要回中国去办第三个。

没有什么可以阻止

在地球另一面，陈省身的名字以不同的方式传回了中文世界。王元回忆，因父亲在"中央研究院"工作，1948 年，他读高三，从父亲带回家的院士候选人材料里见过陈省身的名字。1952 年，他快要大学毕业，读到斯廷罗德的《纤维丛的拓扑》一书，里面引用了陈省身及其学生的不少文章。

"科学落后的中国，出了他这样一个有国际声誉的数学家，这是炎黄子孙的光荣。从此，他成了我心中的一个英雄。"王元说。

有长达二十多年，陈省身与祖国几乎失去了联系。从 1954 年开始，数学家华罗庚、吴文俊、冯康、陈景润陆续接到过国际数学家大会45分钟报告的邀请，但都缺席，这种局面直到1986年才告结束。

1964年，丘成桐在香港读中学，从一本杂志上读到陈省身的简短自传《学算四十年》。他屡次形容，那是他第一次意识到，没有什么障碍可以阻止一个中国人成为世界级的数学家。

丘成桐认为，在当时，陈省身以及1957年获得诺贝尔物理学奖的杨振宁、李政道的成功，“给整个民族带来了希望”，至少对那些有学术志向者而言如此。

几年后，大学三年级学生丘成桐，被到香港短期讲学的陈省身以慧眼发掘。他得到破格机会，随陈省身到伯克利读博士，证明了重要的卡拉比猜想，获得了菲尔兹奖在内的殊荣，成为继自己的老师之后，又一位具有世界影响力的华人数学家。

1966年，朱经武在加州大学的校园里第一次偶遇陈省身。迎面走来十几人，领头者是一位“头大额宽、身近六尺的黄脸孔”。“当时心中幼稚地想，做一个中国人，能像陈先生那样，在他人的国度里，成为学者们的领袖，该是何等威风。”

1967年某日，一些同学论起当世科学家，祝福朱经武有一天能与杨振宁、李政道、陈省身“平起平坐”。他“年少轻狂”地说：“他们能做的，我该能做，而做得更好。”但是，第二年见到陈省身之后，双方一席谈话将他“带回现实”。与杨振宁的交谈也让他有同感。

“陈、杨两位令我有‘自是天生有仙骨，他人哪得知其故’的感叹。决定脚踏实地去做我的实验——也是我唯一能做得比他们好的事情。”这位顶尖的实验物理学家说。

朱经武与陈璞由同学转为恋人。在他第一次拜见未来岳父之前，一位航空工程系同学出主意让他“把该懂的数学”复习一下，以免在这“人生第一口试”中过不了关。朱经武承认自己确实做了一番准备，又觉得还不够。他想让陈省身觉得他“还不错”。“要想一些有意义的问题，那是年轻人见到伟人常常做的——希望第一面试博取好感，觉得孺子可教。”

他并不知道，陈省身已托杨振宁向朱经武的老师打听此人。一番打探后，杨振宁答复：“朱经武很聪明，但陈璞更聪明。”

那天，朱经武见到的是一位和蔼长者——陈省身拎着一盒活龙虾远远打招呼，“以他那嘹亮的嗓门”，并带他们到中餐馆请厨师加工龙虾。从头到尾，没有人考他数学。

杨振宁触电的感觉

朱经武眼里的两位非凡人物，联手决定了他的婚姻大事。

只能用命运的安排来解释这些巧合：多年以前，杨振宁的父亲为陈省身和郑士宁做媒；多年以后，媒人变成了杨振宁，被促成姻缘的则是陈省身之女。

自从 8 岁在清华大学见到陈省身，杨振宁已在人生不同阶段与陈省身碰面：在西南联合大学的教室，在普林斯顿高

1985 年 5 月，陈省身获纽约州立大学石溪分校名誉博士学位（左起：张守廉、陈省身、杨振宁）

等研究院的研究室，在芝加哥大学的校园——他们曾有一段时间同时任教于此。他们成长于同样的文化土壤，历经同样的迁徙，并在迁徙中成为名扬天下的大师。他们亦师亦友。

1961 年，陈省身在芝加哥大学的同事斯通发表了一篇文章《数学的革命》：“1900 年以来对于数学的看法有了一些重要的改变，其中真正革命性的发现是：数学原来完全与物理世界无关。”

杨振宁和陈省身一直以为彼此在工作上是平行的。杨振宁说：“我们每次见面谈到的题目很多：朋友、亲戚、国事、家事，可是几乎完全没有谈到我们两人的研究工作，虽然我十分了解他已经是 20 世纪世界级的数学大师了。”

1975 年，在纽约州立大学石溪分校任教的杨振宁，邀请数学系主任西蒙斯到理论物理研究所发表了系列演讲。作为陈省身和杨振宁共同的朋友，西蒙斯无意中又成为二人之间的“联络”。

从那些演讲里，杨振宁终于听明白了“纤维丛”和“联络”的基本概念，也弄懂了“美妙的陈—韦伊定理”。由他奠基的“杨—米尔斯规范场论”，被视为物理学的一个里程碑。而他赫然发现，在陈省身的微分几何世界里，一些重要的观念如外微分形式和纤维丛等，都与规范场论有密切的联系，规范场正是纤维丛上的联络。他们自不同的山麓开始爬山，攀上的竟是“同一高峰”。这令杨振宁有“触电的感觉”。斯通的说法“完全错了”！

1979年，在爱因斯坦诞辰一百周年纪念会上，杨振宁向与会者讲述了当时的情形。他说，这个事实令他激动，他立即开车去了加州，来到陈省身的家，诉说了自己从西蒙斯那里弄明白的事。他说，数学家是在不涉及物理世界的情况下发展出来的，“这既使我震惊，也令我迷惑不解，因为，你们数学家居然能凭空想象出这些概念”。

陈省身纠正他说：“不，不，这些概念不是想象出来的，它们是自然而真实的。”

杨振宁感到“悚然”。“客观的宇宙奥秘与纯粹用优美这一价值观发展出来的数学观念竟然完全吻合，那真是令人感到悚然。这种感受恐怕和最高的宗教感是相同的吧？”

1946年，陈省身示性类的论文发表；1954年，杨—米尔斯规范场论的论文发表。对二者的密切关系，陈省身也非常高兴，他形容这两个理论的关系像是“恋爱”。他还说，他们碰到了“同一大象的两个不同部分”。

“为什么造物者选用了‘自然而真实的’，但是极抽象的数学观念，来创建物质世界，恐怕将是永远不解之谜。”杨振宁回忆，震惊于此，他写了一首诗《赞陈氏级》：

天衣岂无缝，
匠心剪接成。
浑然归一体，
广邃妙绝伦。
造化爱几何，
四力纤维能。
千古寸心事，
欧高黎嘉陈。

杨振宁这样阐释诗作："造化爱几何之说，其实爱因斯坦很早就曾预言过。（20 世纪）70 年代以来，此说渐渐发展成为今日理论物理学家的共识。陈先生说他对此小诗的写作不负任何责任。不错，写作的时候我确实没有和他讨论过。可是我不只深信诗中的造化爱几何之说，更相信与基础物理最相关的几何就是整体微分几何；而且陈先生和我当年所爬的高峰上面，还会有更高的境界，更抽象的、但是'自然而真实的'数学观念，为造化所钟爱。"

杨振宁多次表示，此事对他来说是"一大奇迹"。他与一位合作者发表了一篇论文，列了一张表格，将规范场和纤维丛的术语逐一对应。

奇迹一个接着一个：这张表格引起了英国数学家阿蒂亚的注意。阿蒂亚的学生西蒙·唐纳森，利用杨—米尔斯方程研究四维流形，"震惊了数学世界"，获得 1986 年的菲尔兹奖。

“由此也可知陈省身开创之功及其影响之巨且深。”吴文俊说。

还令陈省身预料不到的是，他和西蒙斯在1974年提出的几何不变量，当时“不知道有什么用”。1989年，物理学家爱德华·威腾把陈—西蒙斯不变量用到了量子场论研究。这位物理学家也获得了数学的菲尔兹奖。

西蒙斯说：“如今，这些被称为‘陈—西蒙斯不变量’的东西，衍伸进了很多物理学理论中，这非常不可思议。我们根本不懂物理，我从没想到它可以被应用于物理学，但这就是数学的迷人之处，你永远不知道它将去往何处。”

据陈省身在伯克利的朋友、美国国家工程院院士葛守仁等人回忆，这些理论之间的联系吸引了陈省身，他借了物理书，去了解费曼路径积分。

后来，陈省身在台湾演讲时指出，有些人在科学上也许有很重要的贡献，可是贡献完了，工作就结束，不能再发展。杨振宁曾对他说，“我们都很幸运”。他们的理论，很多人接着做下去。

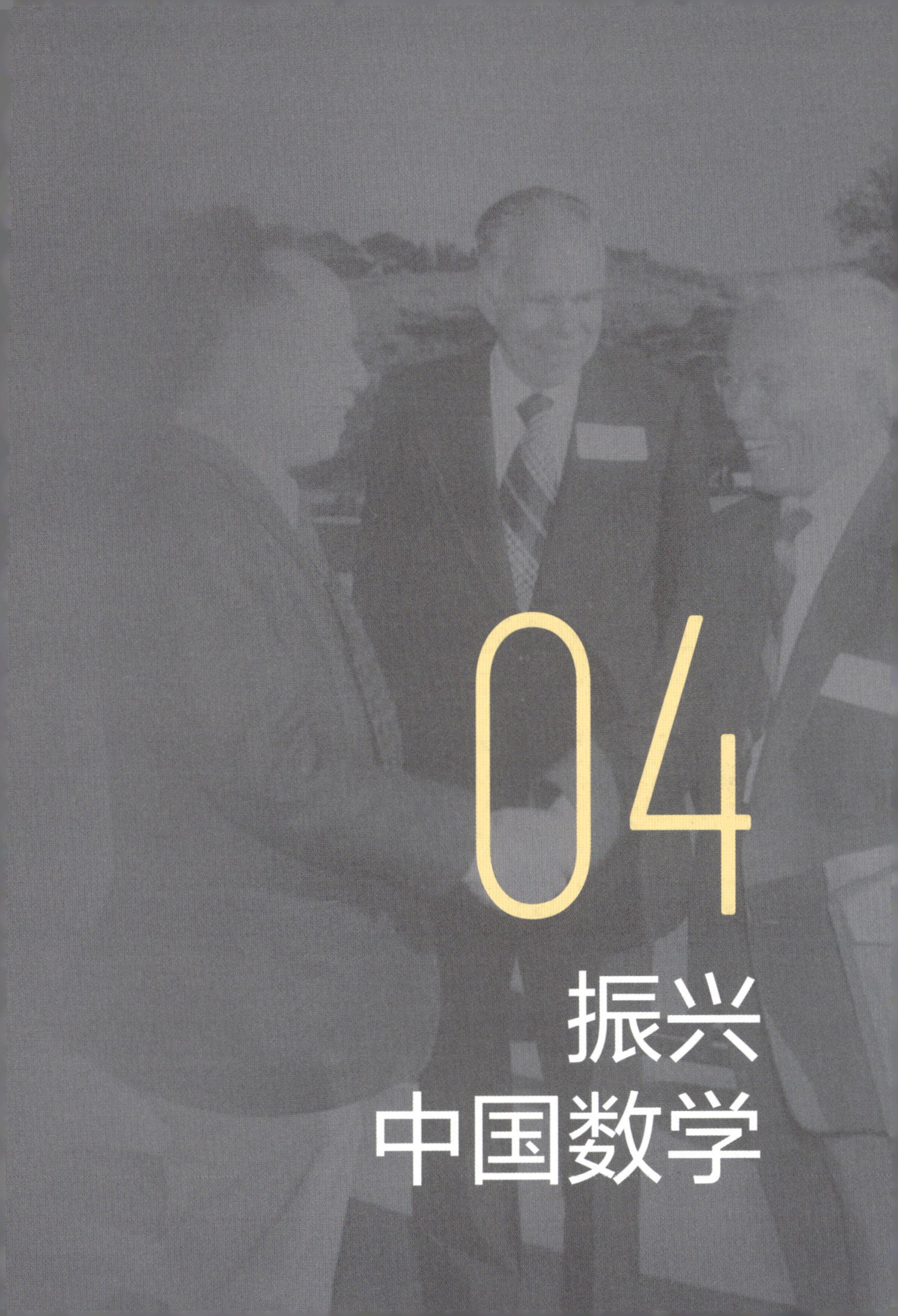

04 振兴中国数学

21 世纪数学大国猜想

1971 年，陈省身 60 岁，政治气候再次深切影响到他。

这年 7 月，美国总统特使基辛格秘密来到北京，停留了 48 小时——中美关系在冷战中解冻的关键 48 小时。一周后，双方宣布，中国欢迎美国总统访华。七个月后，来自华盛顿的飞机在北京降落。

接机的周恩来总理对尼克松说："你的手伸过世界最辽阔的海洋来和我握手——25 年没有交往了呵！"

1972 年 9 月，时隔二十多年，陈省身回到了故土。

许多旅美华人学者都记得，1971 年 5 月 23 日，陈省身联合杨振宁、何炳棣等著名学者在《纽约时报》刊登了整版广告，是致美国总统和国会议员们的公开信，发出钓鱼岛是中国固有领土的呼吁。他们试图让美国人明白，钓鱼岛是中国领土。

“陈教授热爱他的祖国。他愿意为祖国做任何事情。”在一篇谈到此事的文章里，伯克利教授葛守仁和沈元壤指出。

据朱经武回忆，1972年中国科学院邀请陈省身回国访问，“他心中兴奋之情不可言喻”。行前，他与美国国家科学院等机构联系，带着这些机构的信函，促成中美多项重要的学术交流。

1972年9月，中国科学院院长郭沫若、副院长竺可桢和吴有训等在北京会见陈省身夫妇

双方“失联”太久，如哈佛大学的汉学家费正清所感慨的，“从 1950 年到 1971 年，华盛顿送上月球的人比派往中国的人还多”。

陈省身陆续见到华罗庚、苏步青、吴大任、吴文俊、江泽涵等故交，他看望了自己的数学老师姜立夫，还看望了在南开大学的体育老师——给过他一串“C”的老师。

在 1972 年的北京，陈省身首次到中国科学院讲学时，王元在最后一排的角落里找了个座位，不敢靠前去与“心中的英雄”见面。在天津，南开大学教授吴大任连家具都散失了，数学系替他借了沙发，用来接待昔日同窗陈省身。在上

1972 年，陈省身（左一）看望老师姜立夫（左二）

海，复旦大学数学系教师沈纯理得知陈省身将要到访，恶补了几天“箱底”的几何书，因为担心被问起具体问题，会让他这个微分几何学者无地自容——他七八年没有碰过微分几何的书了。

根据葛守仁等人的回忆，中美关系解冻后，海外华人学者经常谈论中国。陈省身在国内朋友很多，消息特别灵通。他一直是这类谈话的核心。他是伯克利首位接纳中国学者和学生的教授。

1978 年，中美正式建交之前，陈省身邀请中国科学院的数学家彭家贵、王启明访问伯克利，开了中国数学家赴美访问的先河。在给彭家贵一本书的扉页上，他赠言：“盼为中国数学有意义之史实，誌（志）此共勉。”

随后，他听说国家要派 50 名学者赴美留学，就努力使 50 人变成 52 人，加了数学家张恭庆和姜伯驹。他们日后都成为中国数学界的领军者、中国科学院院士。

姜伯驹是陈省身的老师姜立夫之子，1962 年开始从事数学研究，但两年后就“下放”到农村，脱离研究十三年。他说，是陈省身带领他“实现了数学上的再生”。

1972 年后，陈省身不断地回国讲学。邓小平于 1977 年、1984 年和 1986 年三次接见陈省身，听取他对国家发展的意见。

伍鸿熙认为，陈省身从 20 世纪 70 年代开始，积极参与

1975 年 10 月，陈省身在加州大学伯克利分校接待访问的周培源

领导了中美之间的数学交流。他以卓越的学术地位和高超的外交能力，赢得了中国最高领导层的尊重和信赖。

陈省身的诗作显示他有一种强烈的游子心态。他生平最欣赏的诗歌之一是唐朝诗人杜甫的《秋兴八首》，其中刻画了离乱之苦以及对故土的思念之意。1974 年，他写了一首诗《回国》：

飘零纸笔过一生，
世誉犹如春梦痕。
喜看家园成乐土，
廿一世纪国无伦。

1979 年 1 月 1 日，中美建交。随后，邓小平访美。在休斯敦大学任教的朱经武记得，岳父鼓励他去参加邓小平在休斯敦的接见，说这是为了中国发展的第一步。

等到 1997 年 7 月 1 日，中国从英国手中收回香港，陈省身深夜给朱经武打电话，诉说见到国旗更替时激动的心情，“一反他日常心平气和、四平八稳的性格”。

姜伯驹说，改革开放后，陈省身在中国数学界“一下子就碰到了问题”：40 岁一代的人进修，需要派人出国；20 岁新一代的培养不能再与世隔绝，要把前沿的数学家请进来。

陈省身此时的全部努力几乎都是从这两方面着手。1980年，他倡议在中国举办“微分方程与微分几何国际研讨会”，出面邀请阿蒂亚、格里菲思、尼伦伯格等众多大师讲学，此后连续多年，每年一次。

如同陈省身四十多年前所经历的那样，我国重新向欧美派遣留学生。我国教育部与美国数学会合作实施了“陈省身项目”，每年选送20名数学系学生到美国留学，陈省身本人负责联系美国高校接收。陈省身表示，他对这个项目并不很积极，教育部部长请他出面，他可以去做，但他多次提出

1986年，在南开大学举办的“双微”会议

希望：学生们要学成后回国效力。

1984年开始，陈省身还倡议创办了数学研究生暑期学校。首先在北京大学举行，此后在南开大学、复旦大学等10所大学轮流举办，每年暑假把各大学的低年级优秀研究生集中起来，请最好的老师来开基础课程。这项工作得到教育部和国家自然科学基金委员会的支持，影响数十届学生。

1980年春天，陈省身应北京大学、南开大学、中国科学院邀请，在北京大学开设面向研究生的微分几何基础课，从4月28日持续到6月13日。这是为秋季开幕的微分方程和微分几何国际讨论会打基础的授课，各地数学教师都来听讲。

负责整理这门课程讲义的北京大学教授陈维桓记得，北大第一教学楼101教室是当时学校最大的教室，连过道都坐满人。讲课历时七周，考试前三名可得到陈省身的赠书。北大组织了一个小组，负责连夜整理笔记，油印讲义发给学员。

也是在1980年春天，陈省身在北京大学、南开大学、暨南大学的演讲中，谈到了他对中国数学发展的展望。当时，中国再次强调实现工业、农业、国防、科学技术“四个现代化”。

“在中国，通常把实现现代化喻为第二次长征。数学在这个长征中是小小的一环。”陈省身引用了这个说法。他认为，在向现代化进军中，数学这个学科有一定优势。一则需要的设备极少，二则由于研究方向不太集中，小的国家和小的学校，都可以孕育出活跃的数学环境和受人尊敬的数学家，波兰、芬兰都是先例。

这场著名演讲的最后一句话说：“我们的希望是在 21 世纪看见中国成为数学大国。”

自此，成为“21 世纪数学大国”这个目标，在我国数学界流传开来。

国家自然科学基金委员会（简称自然科学基金委）设立之初，经费是 0.8 亿元，其中数学仅有 100 万元。自然科学基金委数理科学学部原常务副主任许忠勤组织第一次数学学科基金评审会，就开得很艰难。一位评委说：“这点经费怎么分配？不要评了，大家都分一点，有粥让大家都喝一点。”

在陈省身倡议下，1988 年 8 月，在南开大学举行“21 世纪中国数学展望会议”。陈

1988 年 8 月，在南开数学研究所召开“二十一世纪中国数学展望会议”

省身提出，与其他学科相比，中国数学要在21世纪“率先赶上”世界先进水平。这成为数学界著名的“陈省身猜想”。那次会议上，陈省身还争取到一笔专项基金，这就是延续至今的“数学天元基金”。

尽管曾有人提出，这笔经费可以给南开数学所盖大楼，但陈省身表示，天元基金“不是给南开数学所的，是给全国数学界的”。

“陈省身为天元基金的设立作出了最重要的贡献。”许忠勤说，“他广阔的胸怀令人敬佩不已。”

那次展望会议上，大会主席程民德院士指出，在数学领域，美国、苏联继续领先……“中国是一个未知数”。

陈省身在会上提出：“我们要赶在前头，不再追随。”自恢复派遣留学生以来，不少青年人才已在海外崭露头角。国际数学联盟前主席卡尔森告诉陈省身，自己课上前四名都是中国留学生；普林斯顿大学和芝加哥大学聘请了田刚、林芳华等中国教授，他们都是改革开放后的留学生。

陈省身强调，中国数学追求的是“平等”，而不是“第一”，不一定跟赛跑一样，非要第一、第二不可；也不一定跟西方做同一方向，但是要有同样的水平。

“我们今天在这里讨论21世纪的中国数学，目的是预测一下21世纪中国数学界是何情状，策划如何应付新时代的来临。”时年77岁的陈省身说，“我是不应该讲话的，因为我不会参加21世纪的工作。但是我充满信心地看到中国数学的前途是非常光明的。我所伤心的就是，这个光明时代的到来，自己顶多能看见一点曙光。”

“数学上中国是统一了”

在海峡两岸，陈省身努力克服复杂因素影响，传播他的数学大国理想。

1988年，陈省身为台湾“大学数学丛书”作序，借此告诉台湾的学生：“中国将成为数学大国，是挡也挡不住的。”

“我的朋友，法国大数学家韦伊喜欢说，20年后数学家需要学中文。此说已有端倪，大家已经知道：中国人的姓不能确定这个人，此张不是彼张，此王不是彼王。数学家已开始学中国人名了。”他在这篇序言里说。

1991年，陈省身在台湾的一次题为“怎样把中国建成为数学大国”的演讲中说：“愿中国的青年和未来的数学家放开眼光展开壮志，把中国建为数学大国。”

这一年，陈省身解释过，中国发展数学和高科技，是“求生存”之举：“中国的高科技的建设，包括在数学方面做的工作，不是一个奢侈的事情，是求生存。……不管你喜欢不喜欢，……但是维持国家、社会的生存，非要这样发展不可。”

1986年8月，国际数学家大会在伯克利召开。时任国际数学联盟主席的是陈省身的好友莫泽——陈—莫泽不变量的另一创造者。

陈省身希望，借此机会把中国数学的“统一”问题解决了。他与莫泽谈了很久，让这位瑞士数学家了解“一个中国”及台湾问题的由来。

国际数学联盟会员分为五个等级，最高五级，最低一级。台湾的会员资格是一级，有投票权的代表为一人。美国、苏

1986年国际数学家大会期间摄于伯克利数学研究所前（左起为陈省身、廖山涛、程民德、谷超豪）

联是五级，均有5票投票权。

讨论到最后，国际数学联盟接受将中国的会员资格定为最高级，拥有5票投票权。陈省身说："大陆出三位代表，台湾出两位代表，由国际数学联盟（简称IMU）分别通知他们到会，可是代表的正式名字是'CHINA'，是'中国'。"

陈省身请两岸数学家代表到他家里吃了一顿中餐，都是他的熟人，"大家都很融洽"。

那次大会，陈省身的得意门生吴文俊在国际数学家大会作了45分钟报告。他迟到了二十八年，1958年的大会已邀请过他。

1995年，中国数学会庆祝成立六十周年，陈省身向数学家们解释了经过。"所以我就很有意思地向大家报告一下，数学上中国是统一了。"

中国第一个外籍所长

回顾那个起点，数学家们总是会提到一些具体的事物，比如沙发，比如汽车。

1972年，数学家吴大任招待二十多年未见的同学陈省身，南开大学数学系替他借了沙发；几年后，陈省身决定在这个校园里创办一个数学所，这次，他的朋友们从校长办公室临时搬来一张沙发应急。这就是陈省身此生第三个，也是最后一个数学所的开端：创业始于一张借来的沙发。

汽车是创业中的另一个具体问题。陈省身前后给这个数学所捐了四辆汽车。这只是他所捐个人财产的一小部分。

寄出其中一辆车时，陈省身从美国写信嘱咐："面包车在此，即日运出，可运至天津，提单待齐后即寄上。这是美国通用汽车公司（GM）的车。保养可能与日本车不同，须注意。"

南开大学副校长、数学家胡国定保存了 65 封这样的信件。那些褪色的信纸表明：就在加州海边创办美国国家数学科学研究所的同时，陈省身也在一点点拼出太平洋彼岸另一个数学所的骨架，包括黑板的设置。

1983 年 5 月 3 日的信里，陈省身谈到黑板。他说，科学研究须多有"非正式讨论"的机会，宜有一供人随意起坐的房间，英文叫"Common Room"。"研究室的一面墙，宜为高品质的黑板。"他提到图书室，表示他的全部藏书都将捐到这里。

陈省身还将美国国家数学科学研究所大楼的招标文件寄给天津的同事参考。

数学上有很多猜想，提出者只负责提出问题，没有为它的证明做太多工作，证明是后人完成的。然而，“陈省身猜想”并非抽象问题，它属于现实世界。作为提出者，陈省身也是它强有力的推动者。他期待着把“猜想”变成“定理”的时候——用事实去证明中国是数学大国。在此之前，“非常要紧的是在中国建立基地”。

陈省身这样描述南开数学所：“我们的目的，要在国内成立一个基地，培养第一流的数学人才。那基地须有优良的设备，友善的空气，使人工作其中，觉得快乐。”

1980 年，陈省身（右二）与吴大任（左二）、胡国定（右一）等人在一起商讨筹建数学所事宜

姜伯驹直接参与了这次创业，兼任了南开数学所副所长，有两年时间几乎只在周末回到北京。姜伯驹在他父亲开创的数学系，协助他父亲最好的学生，创办了一个数学所。在他看来，南开数学所是陈省身探索中国数学发展之路的根据地。

"……中国变化也快，他（陈省身）需要通过这个根据地来感受数学界的脉搏，凝聚共识。"姜伯驹说，"数学家做事讲究找一个好的角度，陈先生是几何学家，深知选择坐标系之重要。"

在天津，人们最初并不完全确定陈省身的坐标。根据不同人的回忆，1980 年前后，陈省身流露出在国内创办数学所的意愿。他 1979 年从伯克利数学系荣休，随后与辛格等人创办美国国家数学科学研究所。他依然在领导几何学的发展以及一些具体课题的研究；他依然是世界上屈指可数的数学大师。

"像陈省身这样的数学家，在某种意义上是永远不会退休的。"1979 年，数学家周炜良说。

打开国门后，中国人立即近距离体验了中国与发达国家发展水平上的落差。

中国工程院院士柳百成是改革开放后首批公派留学生的领队，借住在一个美国家庭，看到房东的小孩使用苹果电脑。"我感到十分惊讶，因为出国前自己从未见过电脑，但在美国，连儿童都能自如操作。"

根据胡国定的回忆，很多人不相信陈省身会放弃在美国的一切：高薪，可眺望太平洋和金门大桥的别墅，安逸的生活。有人说，他回国只是说说而已，最多“回来玩玩，作作报告”。

1981 年，胡国定利用一次赴美访问的机会去了伯克利，想要弄清楚陈省身的想法。他们关于筹建南开数学所的讨论由此开始。

陈省身告诉胡国定，自己在伯克利只答应做一任所长，随后他就要回国去创办数学所。他详细询问了南开大学的情况，甚至问，“党委书记和我是什么关系”。胡国定意识到，陈省身在认真考虑自己的角色。

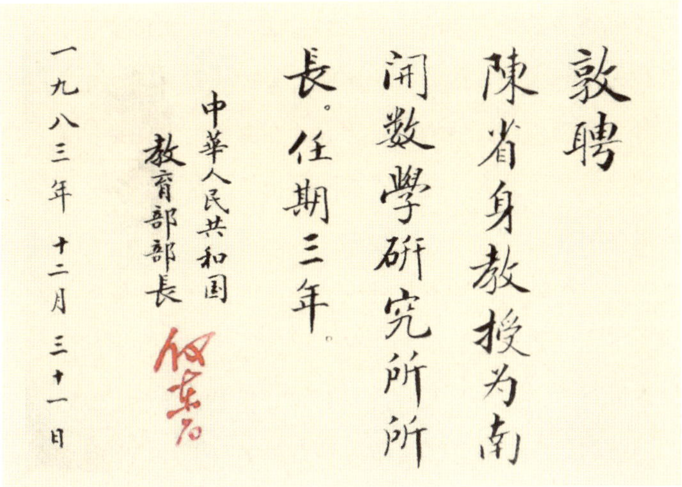

敦聘

陳省身教授为南開数學研究所所長。任期三年。

中華人民共和国

教育部部長

何東昌

一九八三年十二月三十一日

教育部签发给陈省身的聘书

"如果不做工作，作两个报告，作完了就走了，管党委干什么？"胡国定说，"我知道他是真想干一番事业，而且是长期，不是一年两年。"

早在青年时代，胡国定就加入了中国共产党。1947 年，胡国定大学毕业，经数学老师介绍去"中央研究院"找陈省身。陈省身推荐他去清华大学做助教，但上海交通大学一位教授给清华大学写了一封告密信，说"此生甚不安分"，导致胡国定去清华大学的计划落空；陈省身转而把胡国定推荐给了吴大任，他便到了南开大学。没有人能够预料，三十多年后，在陈省身创办南开大学数学所的过程中，他帮过的这个人成了他主要的帮手。

陈省身选择天津的缘由很多：他在这个城市度过了少年时代；南开大学是他的母校；朋友吴大任和胡国定先后担任南开大学副校长；他的学生严志达在南开大学任教；吴文俊也建议他到南开大学办所，并随后担任了这个数学所的学术委员会主任。

另一个理由，陈省身讲过不止一次：这里比较安静，相形之下，"北京太热闹"。有一次，他劝一名学生回国，写信告诉对方，"北京人多，或不如南开之清静"。他还向一位到访的记者解释，德国作为世界数学中心时，中心点不在柏林而在哥廷根。

同时，天津又没那么远，距离北京只有一个小时的车程，与普林斯顿到纽约的车程差不多。

陈省身面临的第一个问题，就是他作为外籍华人，能否担任中国的研究所所长？

时任教育部部长何东昌对胡国定说，他非常赞成，但无权批准。

解决问题的是邓小平。那几年，他频频接见陈省身、杨振宁、李政道、丁肇中、吴健雄等世界级的华人科学家。1983 年 7 月 8 日，邓小平约见几位中央负责同志，发表了一次重要谈话。谈话中提到要利用外国智力，请一些外国人来参加我们的重点建设以及各方面的建设。

据胡国定回忆，国务院向各部部长传达邓小平的这次谈话精神时，特别打电话要胡国定去参会。

随后，中共中央成立了引进国外人才领导小组。教育部提交了一份关于陈省身聘任问题的报告。1983 年 9 月 14 日，这个小组向教育部回复了《关于同意聘请陈省身来华工作的意见》。

1984 年 8 月 25 日，邓小平在北京第二次接见陈省身。陈省身向他建议："国家派出了不少留学生，现在的问题是如何用好这批人。"邓小平告诉陈省身，我们已经在考虑这个问题了。六天后，陈省身卸任美国国家数学科学研究所所长。

南开数学研究所选择在 1985 年 10 月 17 日成立，这一天也是南开大学的校庆日，显示出校方的重视。当日，陈省身表达了他将余生投身于此的决心，他引用了诸葛亮的名言——“鞠躬尽瘁，死而后已”。

几个月前，中国数学界刚刚失去了一根支柱——因突发心肌梗死，华罗庚倒在日本东京大学的讲台上。1985 年 6 月的一天，陈省身到合肥的中国科技大学讲学，接站者带给他这个噩耗。当天，陈省身的讲座完全脱稿，追忆了华罗庚的数学成就和对中国数学的贡献。

次日，主办方安排陈省身去游览风景胜地黄山，同行者都去爬山，他留在山下，看了一场关于黄山风景的电影。后来他自嘲：“一个人到了黄山只看了一场电影回来，也算是一个纪录。”

从一开始，南开数学研究所就体现了陈省身面向全国的意图。所长由教育部聘请，经费由教育部拨款，南开大学代管。“陈先生立足南开，是为全中国服务的。”姜伯驹说，这是中国本土第一个开放型的数学所。

陈省身设计了一些开放的学术活动，其作用首先是修复中国的数学土壤。那时，许多高校开不出培养数学研究生的课程，仍坚持数学研究的学者也只存在于少数机构。

从 1985 年起，南开数学所持续办了十一年的“学术年”活动，每年设定一个主题，每次三个月到半年。陈省身出面

1985 年，陈省身夫妇在美国国家数学科学研究所前

陈省身在南开数学研究所

邀请国外著名数学家系统讲学。听众是国内各地的数学教师与研究生，他们由此迅速接触数学的前沿。吴文俊说，这样的环境是国内任何一所学校也做不到的，人们水平提高很快，“使大家对中国将产生第一流数学家树立了信心”。

第一届“学术年”主席、吉林大学教授王柔怀回忆，当时大家去食堂吃饭，找不到座位就站着吃，不会因此生气。他说，国内师生，“十分珍惜以陈省身先生为首的南开数学所替大家争取到的大好学术交流机会”。

1985 年 10 月 17 日，南开数学所成立

吴文俊也担任了一次“学术年”的主席。他亲身见证陈省身时隔三十年在国内创办两个数学所。在他看来，它们“具有同样的目的”。“两个数学所虽然人物已非，内容有异，但都体现了陈师的宏伟意图，想通过它们来振兴中华数学”。

姜伯驹很佩服陈省身的一点是，他有天马行空的创意，同时也能灵活多变地去解决一些具体问题。

陈省身所遇的具体问题不计其数。为举办“学术年”，南开大学兴建了“谊园”招待所。张恭庆记得，为这“中国土地上举行的一次空前的学术交流活动”，陈省身每天早晨绕着未建成的大楼工地散步。

按原工期计划，谊园无法在活动前投入使用。陈省身拄着拐杖去了工地，去跟工人聊天，询问能否提前竣工。工人告诉他，努力一下是可能的。当晚，他请工人们吃饭，给他们敬酒。受到感染的工人日夜赶工，提前交付。

少开会，无计划，多做事

越洋信件里，陈省身不断安排一些事情：请什么样的人，买什么样的书。他捐出一笔钱，接着捐出另一笔钱，这些捐款包括他的沃尔夫奖全部奖金。

他修改了遗嘱，遗产由一分为二改为一分为

1996 年，陈省身夫妇与吴文俊夫妇

三，第三份留给“最小的孩子”——南开数学所。

南开数学所成立一周年的会议上，75岁的陈省身说：“我这样一个老头，抱着一个1岁的婴儿，你们应该知道我的心情。”

1987年3月17日，他在给胡国定的信里明确说：“我的遗嘱，会有一笔钱给南开数学所。”第二年春天，他到休斯敦讲学，得到2万美元酬劳，也给了南开数学所。过了几个月，胡国定收到通知，账上又多了1万美元。

胡国定常常还没有回信，第二封信就又寄到。信里总是逐一列出事项。这些信都以数字编了号。有一次，陈省身在信里提出第几号信的第几个问题没有得到回答。

受此影响，胡国定将他的信也编了号码。他认为，这反映出陈省身叶落归根、服务中国的迫切心情。

南开数学所成立第二年，杨振宁也将他在中国的工作重心放到了这里。

中国科学院院士葛墨林记得很清楚，他当时在兰州大学任教，有一天忽然接到杨振宁的电话，约他在1986年6月7日上午到北京饭店见面。1980年，葛墨林曾被公派到杨振宁所在的大学作研究。

见面后，杨振宁说，陈省身先生请自己在南开数学所办一个理论物理研究室，但他想去天津看看再作决定。他询问

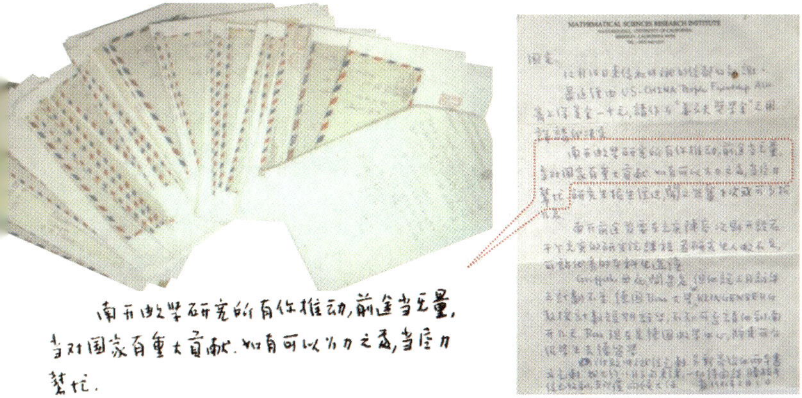

胡国定保存的陈省身来信

葛墨林是否愿到南开大学工作。

葛墨林抱着同样的想法：去看看再作决定。

他们吃午饭时，陈省身一家来了。那是葛墨林第一次见到陈省身。第一印象是这个人个子很高，“耳朵特别大”。

在餐厅里，陈省身直接问葛墨林：“我什么时候给你签聘书？”

葛墨林意识到，“看来他们早就沟通过了”。

“去看看”的结果是，这年10月，葛墨林开始协助杨振宁在南开数学所创办理论物理研究室。

葛墨林说，陈省身办数学所，原则是“少开会，无计划，多做事”，这也是他办美国国家数学科学研究所的经验。

“事实上，后来的很多年，陈先生从来没要求我写过研究计划，他只看做的工作、出的成绩。”

关于办所，陈省身说过：“……最要紧的是把有能力的数学家找在一起，找在一起之后不要管了，就让他们自己去搞。我想研究（尤其是纯粹数学的研究）没法子有计划。现在你要政府拨款或跟机关要经费的话，大家动不动要你有个计划，根据计划里头能够做出来的东西大概不是最有价值的。最好没有计划，不过这没法子跟管钱的人讲得清楚。”

陈省身、杨振宁来到刚成立的理论物理研究室

至于理论物理研究室的研究方向，陈省身告诉葛墨林，“就做振宁的方向”。

物理学家威腾获得菲尔兹奖的那篇论文，最早就收录在杨振宁和葛墨林在南开数学所编写的一本论文集里。那是将陈—西蒙斯不变量用于量子场论的惊人工作。陈省身曾自豪地提到南开大学的这本论文集，他说，威腾的文章对数学家来说非常难懂，最有名的几何学家和拓扑学家，都在拼命念威腾的文章，想办法给出数学上的证明。“我自己个人现在就花大部分时间，想法子死啃威腾的文章”。

在一些小事上，陈省身和杨振宁有同样的细心。有一次，葛墨林告诉陈省身，如有急事，可以请人到家里通知他。当时电话还不多见。过了两天，就有人到他家里装电话，校长打电话检查通话情况。葛墨林知道，是陈省身过问了此事。

校长请葛墨林从三套住房中选一套来住，他选中一套，后来发现自己家比校长家还要大。

陈省身邀请杨振宁的同时，北京大学也计划请杨振宁建立一个研究所。在杨振宁一次讲学的课间，葛墨林带去南开大学的文件请他签字。

葛墨林后来得知，北大同行也带着聘书去了现场。目睹这一幕，当时表情就变了——他们知道杨先生已有决定。

陈省身和杨振宁不断筹款，葛墨林记得，许多学术活动经费都来自他们在香港的募资。有一次，他去机场接杨振宁，杨先生交给他一捆美元，特地换成了每张 20 美元面额的钞票；1992 年为了办一次国际会议，杨振宁从香港邮寄了计算机、复印机甚至咖啡机——他考虑到，在会议的茶歇，有些人喜欢喝一杯咖啡。

咖啡机受欢迎的程度超出所有人的意料——第二天它就失踪了。

一百与一百万

一些数字被数学家们频繁地提到，它们与钱有关：杨振宁手里捧着的一捆 20 美元的钞票；与陈省身关联的数字至少有两个，100 美元和 100 万美元。

1988 年 2 月 8 日，陈省身写给胡国定的信里，提到了南开数学所一位教授“月度津贴 100 美元事”。他说他联系了一位香港企业家，“我拟再接受一些这样的捐款”。

关于 100 美元，数学家堵丁柱与陈省身有过争论。1985 年，36 岁的堵丁柱从中国科学院到美国国家数学科学研究所做博士后。他听到陈省身说得最多的话题是中国数学发展。他知道陈省身在办一个数学所。

鉴于国内薪酬远低于发达国家，陈省身在南开数学所采

陈省身与葛墨林

取的一个措施是给人才每月额外发放 100 美元补贴。堵丁柱给陈省身提意见说，“搞特殊化不利人才成长”，而且一个人如果放弃几万美元薪酬回到国内，并不会为 100 美元所动。

“我们谁也说服不了对方。”堵丁柱说。

不过，他钦佩陈省身振兴中国数学的努力，“暗下决心回国与他配合”。陈省身曾邀他到南开大学去，他也知道，“在他手下工作，只要一心研究数学，不必操心任何琐事”，但他仍想回中国科学院。陈省身表示理解——在办南开数学所的过程中，他凭借个人威望和魅力吸引到一些人才，但在此事上他并不总是一切顺遂。中国科学院院士王诗宬记得自己年轻时谢绝过陈省身的好意；沈纯理也曾为拒绝过陈省身而感到不安。不过，他们都受到陈省身一如既往的关怀和帮助。陈省身尊重每个人的选择，就像堵丁柱所感受的那样。

1986 年，堵丁柱获得麻省理工学院助理教授的职位。出发之前，他和陈省身约好，一年后在中国见。他记得陈省身"显得异常高兴"，扔掉了拐杖，与他合影留念。

一年后，堵丁柱果然回国工作。他去南开大学拜访陈省身，一见面，他就说："我兑现了我的诺言。"

陈省身拿出一份帮堵丁柱举办国际会议的文件——这是他们在伯克利谈过的事——告诉他："我也兑现了我的诺言。"

1981 年的一封信里，陈省身向胡国定表示，南开大学可以用他的名义招研究生，不过，"在方便时请申明，我是不想帮他们出国的"。

据胡国定回忆，当时不少华裔科学家热心帮助中国学生留学，"唯独陈省身先生认为：留学生是要派的，但最根本的还是应致力于在国内土地上逐步建立自己培养高级人才的基地"。

邓小平接见陈省身时，陈省身谈过人才流失问题："我的建议是设法提高国内科技人员的待遇，使他们愿意回来。”他和杨振宁、李政道等人不断提出建议。根据邓小平的意见，国务院后来设立了政府特殊津贴。

在南开数学所，100 美元则是陈省身自己发明的“特殊津贴”。他怀着最大热忱去解决科研人员的生活问题，让他们安心去作数学研究。他资助年轻数学家出国访问。葛墨林向他偶然提起过一个有才华的贫困学生，这名学生很快得到了他的资助。有一次，他听说天津有一个贫困学生考上了北大数学系，也资助了那个素未谋面的年轻人。

然而陈省身在自己身上很节省。1986 年 11 月 2 日，邓小平在北京接见陈省身。当天早晨，胡国定发现饭店的早餐很贵，一根油条 5 元。他注意到陈省身夫妇没有到餐厅，最后才弄明白：陈夫人请人把一份早餐送到房间里，两人合吃一份。他们解释说自己饭量不大。

在这次邓小平与陈省身的会面中，他们谈到，应该向少数尖子人才提供较优厚的待遇。邓小平称赞了陈省身在本土建立自主培养高级数学人才基地的努力。

其实，陈省身办所的思路有过调整。一开始，他认为办法“说来很简单”，就是要找有能力的人来作数学研究。在国外他就是这么做的，但在当时条件下的中国，即便是他，请人也遇到了困难。

他说："我从1984年开始组建南开数学所。开始想请有能力的人来所工作就是了。可是由于种种原因，很难做到这一点。……我看到这种情形，就改变想法，努力训练自己的年轻人，培养自己的数学家，送他们出国学习，到世界各地，请最好的数学家给予指导。"

然后，他再把送出去的人召唤回国。

据张恭庆回忆，陈省身曾多次向国家领导人提出创造条件让优秀人才能够在国内安心工作的具体建议。他经常问起最近又有哪些有能力的年轻人，他们有什么困难，自己能为

南开的部分数学家（左起：龙以明、陈永川、陈省身、侯自新、张伟平）

他们做些什么。他不时约见这些年轻人。

陈省身曾嘱咐在国家自然科学基金委工作的许忠勤："你知道你最主要的职责是什么吗？是支持这些年轻人，多给他们资金，不要给我钱，我老了，不中用了，要多培养优秀的年轻人，越多越好，这是对国家最大的贡献。"

南开大学留存的那些信里，陈省身频频提到一些年轻人的名字，他们大都在海外留学或任教。陈省身为这些人的待遇四处"托钵化缘"，他也以自己的诚意向他们化缘——期待他们学成归国。

1989年2月1日。"张伟平赴法事。法国方面因为这是我所介绍的第一个学生，十分热心。中国方面似尚未顺利。可否请你自己抓一下，使他今秋能成行。"

1992年3月4日。"张伟平在巴黎的工作极好。我们应该争取他1993年回南开。"

1992年5月31日。纪念国家自然科学基金十周年学术报告会，陈省身再次提到这个名字。"张伟平已答应明年回国，回到南开来。明年张伟平如果回来的话，我希望政府能给一些方便，像这样的人才，希望能留住他。"

张伟平是陈省身门下最后两名“关门弟子”之一。1986年到1987年，他是从外地到南开大学参加“学术年”的一名数学新秀，1988年，又考取了陈省身的博士生。第二年，陈省身推荐他到巴黎留学。

但在1989年，中法联合培养项目被无限期拖延。陈省身十分焦急，他刚当选法国的院士，以院士身份去了北京的法国驻华使馆，劝说外交官。他又设法与教育主管部门沟通，请他们将张伟平的材料单独抽出办理。这个学生终于顺利出国。

1992年秋天，在给张伟平的一封信里，陈省身答应推荐他去伯克利做博士后，并说：“我想中国的前途是很有希望的。在中国能建立一个基地，比写一百封求职信要有意义。”

下一年，张伟平回到南开数学所。等待他的是一个助教职位，月薪仅有人民币200多元——低于中国科学院博士生的补助。陈省身也感到吃惊，担心他在国内待不久，因为“他是不需要写申请的，早就有人要请他了”。张伟平知道老师的顾虑，没有在国外申请任何长期教职。

在巴黎，由于生活拮据，张伟平三年里换过十个住处。1992年3月4日，他收到陈省身的一封信，里面有一句话：“让中国的数学站起来，是一件极有意义的事情，值得短期的牺牲。”

到1994年，香港企业家霍英东旗下的教育基金会登报公示了年度获奖者名单。这项基金主要向在研究和教学中表现突出的高校青年教师提供资助。陈省身是基金会的顾问委员会成员，他看到公告，决定去为张伟平争取这笔资助。不久，基金会要在北京颁奖。

“当时陈先生在天津患了重感冒，大家都劝他不要去了，但他坚持要去，为我争取资助。”张伟平说，“据说他专门找霍英东先生谈话，感动了霍英东和其他评委，决定给我一笔相当于一等奖的资助。但是因为其他获奖者名字已经登报了，所以我的资助只给钱，名字不见报。”

这是霍英东教育基金会的特例。陈省身做这些努力时，张伟平毫不知情，还是从旁人处得知。

后来陈省身对张伟平说，这算是自己帮他做过的“两件事”之一。这笔 5000 美元的资助对张伟平来说是雪中送炭。他日后成为中国最好的指标定理学家之一、中国科学院的院士。37 岁那年，张伟平获得了一项奖励，他将这笔税前 100 万元人民币的奖金捐给南开数学所。这笔奖金用途之一是购买了一辆宽敞的汽车——有几年，腿脚不便的陈省身出行便使用这辆汽车。

阿蒂亚—辛格指标定理是 20 世纪的标志性数学成就之一，由陈省身的朋友阿蒂亚和辛格创立，与陈省身示性类密不可分。因此，张伟平的研究工作总在与陈类打交道，对他来说这是一件很棒的事。老师在或不在，都以一种方式指引着他，就像是有一种特别的东西在传承。

在另一个维度，传承也在继续：2022 年，张伟平成了国际数学联盟菲尔兹奖评委会里的第一位中国大陆代表。整整六十年前，陈省身担任过这一职务。

1995 年 1 月的一个晚上，陈省身在美国加州的家里看电视新闻，听到自己的名字“大吃一惊”。

那条新闻像个童话：他从前的一个学生罗伯特 · 乌米尼买彩票中了2200万美元大奖，决定拿出100万美元作为基金，在伯克利设立“陈省身讲座”，每年邀请一位数学名家到伯克利讲课。

“他很念旧。”谈到那个叫乌米尼的学生，陈省身说。

乌米尼并非陈省身名下的博士生。当他还是一名本科生时，选修了陈省身的微分几何课。“在课程结束时我想成为一名微分几何学家。”乌米尼说。1969 年大学毕业后，乌米尼申请了伯克利的研究生院，最初被拒绝，是陈省身鼓励他重新申请并给予了推荐。

整个数学界都清楚陈省身的推荐具有怎样的说服力，他只用两三句话，就能够做到“很有力的推荐”。

乌米尼表示，为他喜欢的陈教授设立一个讲席，是他的梦想之一。他有购买彩票的习惯，中了头彩的第二天，就给

陈省身与乌米尼

伯克利数学系打了电话。后来他还追加了捐款，确保这个冠名讲席是永久性的。

陈省身 80 岁生日时，超级富豪朋友西蒙斯为他的祝寿学术会议提供了一笔赞助。在台上，西蒙斯跟与会的数学家说："在座各位都是免费参加活动，我为自己买了一个座位。"

他还说，当他离开数学去作投资，有人认为不是好的选择。但有朋友告诉他，陈省身对此的评语是，"噢，反正西蒙斯不是希尔伯特"。

西蒙斯感激陈省身对他的理解，珍视他们的友谊。他曾坐私人飞机到天津看望陈省身。20世纪末，杨振宁在清华大学创办了一个普林斯顿式的高等研究院，西蒙斯捐建了一栋三层小楼，这栋楼于陈省身生日那天剪彩。杨振宁用陈省身和西蒙斯的名字为它命名——将这两个名字连在一起的理论，已经让整个数学和物理学界铭记。

中国许多数学家记得陈省身是如何谦和地像朋友一样招待他们，甚至照顾这些人去留学的下一代。不同人反复提到同一个细节：陈省身夫妇开着汽车去车站和机场接站送站。

中国科学院院士方复全记得，他1997年到伯克利短期访问，回国前一天打电话告诉陈省身，说这次没有时间会面了。但是，第二天一早，陈省身夫妇开车来到这个年轻人的住处，陈夫人下厨做了早饭。那时，陈省身已经因为身体原因无法开车，陈夫人能够开车但视力不好。因此，郑士宁充当司机，而陈省身做妻子的眼睛。

据朱经武所述，在伯克利时，他的岳父母在周末和假日有接不完的电话，常是慕名的学子，或以前的学生和朋友。“除非事先已有约会，岳父总是来者不拒”。聚会之地多是中国餐馆。他有时会成为陪客。

一位学数学的学生设计了一套股票投资程序，陈省身曾问女婿，是否有办法帮这个学生筹资创业。朱经武感慨陈省身对年轻人的热心。他说，陈省身对很多事情都有好奇心，任何人跟他谈事，他不会说“这不可能”，会耐心地听人们讲，帮他们想方法。

“作为一名导师，陈省身决不支配他的学生，而是让他们或多或少地自由地去追求自己的兴趣。”陈省身的学生、巴西科学院院士卡莫说。

据陈省身在伯克利招收的最后一名博士沃尔夫森回忆，他与导师合作一篇论文时，在一个演算过程的名称上有不同意见，陈省身放弃了自己的建议。后来一个适当的时候，“通

陈省身与南开数学试点班学生座谈

过巧妙的启发，陈省身使我信服了他的选择。他平心静气地说服了我。”

陈省身之子陈伯龙也读过数学专业，对他来说“这好像是非常自然的选择”。但是，在参加了研究生院第一个数学讨论班之后，他意识到，自己永远都不会像父亲那样成为数学家。父亲建议他尝试一下精算学。

“他认为，我是个做事负责任、有条理的人，商业世界或许更适合我。”陈伯龙转学精算，进入保险业。他说：“他对于一个人该做什么不会有先入为主的看法。他会为人寻找

陈省身与天津高校学生交谈

与能力相配的岗位。我个人的情况就是例证。”

“陈先生是天生的伯乐，他同一个人讲话，三言两语就能让人放松，只谈一小会儿就能对其作出判断。”张伟平说，“他的这种眼光，这份本事，是学也学不来的。”

1991 年，在南开数学所，陈省身向两位到访者介绍自己的理念——“怎么对待年轻人是中国的主要问题”。这次访谈发表于天津一份科技期刊上，访谈中陈省身说：“中国的主要问题是要使年轻人觉得国家有希望，觉得他们是国家的主要成员，将来国家是属于他们的，为此肯吃苦，肯牺牲。”

醒着还是睡着都在做数学

至少在一个方面，张伟平继承了老师的风格：他们一样以“懒”出名，很多事情在他们看来是浪费时间。他们尤其不想与行政职务发生关联。

陈省身多次希望这个最小的学生出任南开数学所所长。他平生不愿当“长”，而他的学生也成功地学会这一点来反抗他。

“如果你不当所长，我就回美国。”陈省身最后威胁。

2004 年 1 月，张伟平担任了所长。陈省身告诉他：“你这个所长是‘逃’不掉的，就像服兵役。”

张伟平说，陈先生常以“懒”字自嘲：“从另一方面说，往往这一个‘懒’字，又可以使人从多少杂事中解放出来，专心于自己喜欢做的事情。”

“我的生命历程正在接近终点，我唯一的考虑是怎样度过这段时光。答案很简单，我将继续摆弄数学。”80岁那年，陈省身写过一份学术自传，他说：“体育运动我从来就不在行，现在就更不用说了。听音乐对我一直是浪费时间，偶尔介入此道，纯粹出于社交之故。所幸的是整体微分几何还有许多基本问题，尽管在其发展中我很可能仅是一名观众。”

陈省身告诉过一位访问他的电视主持人，数学是他生活的一部分了，走路、谈天、吃饭，都可能想到数学。

对方问：“走路、谈天跟数学有关系吗？”

他的回答让人很难判断是不是玩笑——他说，在作访谈的此刻，还在想“我的数学问题”。

他还说，人们问他一天工作多少小时，这没法回答。“我一直在想（数学）。连睡觉也在想。别的不会想了，这个最熟悉。”

晚年，他告诉当时的秘书、吴大任的儿媳沈琴婉教授，自己年轻时从不觉得排队购物是一件无聊的事，因为走路或者排队的时间，都可以用来考虑数学问题。边排队边思考，不知不觉就排到了自己。很多年里，他每天很早就起来做数学，当家里人起床吃早饭时，他已把一天该做的学问做得差不多了。早饭过后，再去学校处理事务。

朱经武说，岳父经常在和家人谈话的时候，突然转念去想数学问题。“儿孙辈便喜欢考他，故意要他重复刚才的话题，或者骗他答应原来根本没答应的事情，他也无可奈何。”

而陈省身的学生路易斯·奥斯兰德记得，“陈省身的格言之一是：忠诚的数学家要用所有的时间学习数学……无论醒着还是睡着都在做数学”。

1987 年，朱经武申请到一个大型科研项目，媒体纷纷报道，他接到很多祝贺。陈省身提醒，别让杂事影响研究。

这样的提示一再出现。2001 年，朱经武获邀做香港科技大学校长。接受职位前，他征求陈省身的意见。“我明显看到他在做科学与做校长的选择上犹疑，但最后他得知科大能让我两面兼顾及来港也是为中国科技发展做点事，于是也给了我他的祝福，望我两样都做好。”

当这位物理学家在 1987 年率先发现新的超导材料、将超导温度提高到 -180℃时，他记得岳父母那些日子十分高兴，不时打电话询问进展。岳父夸奖他，“你这次是做了件有意义的事了”。

有一次，陈省身问朱经武，可否用他的微分几何去提高超导的温度，因为一位物理学家在文章里谈到陈省身的数学研究与分数霍尔效应的关系。

他常常问朱经武："可不可以把你的超导跟我的几何连在一起？你们做晶体跟几何有关系，为什么不弄到一块呢？我相信可以解决一些问题。"他也问过周毓麟，微分几何在科学计算中有什么应用。

1991 年，陈省身、杨振宁、李政道、李远哲联袂在台湾清华大学的校庆活动上谈治学。主持讲座的刘兆玄校长记得，当时杨振宁与李政道在一个问题上存在分歧——研究物

1986 年，陈省身在南开大学周恩来纪念碑前与好友吴大任夫妇一起打太极拳

理的人到底是物理的直觉重要，还是数学重要？刘兆玄担心他们各执一端，赶紧请教陈省身，希望他能把这个问题“解掉”。

“陈省身说：‘数学是没有什么用的东西，’我们全都呆了，‘可是没有它什么都不能做。’这是我记得非常清楚的一个故事。”

在陈省身看来，数学是无用又有用的学问。他只是在大观园里游玩，“东西多得很”，产生的结果一旦有用，那也是“始料未及的事情”。他多次举过一个例子：爱因斯坦的广义相对论所需要的微分几何，黎曼早就发展了。“爱因斯坦不知道这篇论文，花了七年的时间想方设法也要发展同样的观念，所以爱因斯坦浪费了许多时间。”

他喜欢举的其他例子包括，物理的电磁学、生物的DNA结构等的数学基础，都是微分几何。他说：“数学是一门伟大的学问。它的发展能同其他科学联系，是人类思想的奇迹。数学的一个特点，是有许多简单而困难的问题。这些问题使人废寝忘食，或经年不决。但一旦发现了光明，其快乐是不可形容的。”

不过，他同时强调：“……好的数学太少。

天下的高山就那么几座，天下漂亮的东西总是不太多。”

在他看来，“好的数学”是指意义深远、可以不断深入、影响许多学科的课题；“不好的数学”，则是仅限于把他人的工作推演一番、缺乏生命力的题目。

1988 年，陈省身为朋友阿蒂亚在中国出版的论文集作序。他说，自己年轻时曾听从指导，阅读庞加莱、希尔伯特、克莱因、胡尔维兹等名家的著作而获教益，后来更加深入阅读了布拉施克、嘉当和霍普夫的文章。“这也与中国的传统相通……我真诚地希望，这些论文集不是被作为摆设束之高阁，而是在年轻的数学家手中被翻烂。”

把官场的事情挡在学术的门外

20 世纪 80 年代的一天，陈省身接到杨振宁的电话。杨振宁告诉他，香港企业家刘永龄先生要同他通话。那次通话的结果是，刘永龄出资在我国设立以“陈省身”命名的数学奖。

1986 年，中国数学会设立陈省身数学奖，几年后又设立华罗庚数学奖。以这种方式，中国数学界的两颗巨星辉耀后来者。

第四届陈省身奖颁发那天，陈省身为了说明自己对数学的热爱，拿出资人刘永龄开了个玩笑。“刘先生的钱我想即使有机会拿到的话，我仍宁愿做自己的数学。”

2002年，北京举办了一次少年数学论坛。陈省身应邀给孩子们题词，他写了“数学好玩”，旋即成为中国小学校园的名言。在巴黎，布吉尼翁也在办公室里摆着陈省身的“数学好玩”书法。

1986年，在美国数学会的一个分组会上，陈省身作了20分钟报告，现场气氛极佳，让在场的中国数学家王诗宬印象很深。他说，一个“大人物”作一个“小报告”，报告人和组织者都觉得很自然，“在今天这个比较夸张的世界上，已很少见了”。

王诗宬在伯克利访问时，目睹过名满天下的陈省身跟年轻人挤在一起听讲座的情景。那是1984年秋天，成名不久的数学家瑟斯顿讲二维流形，听众很多，场地几次更改，最后在露天的讲台上开讲。一头白发的陈省身跟着人群从一个地方转移到另一个地方，直到有人给他让座，他才

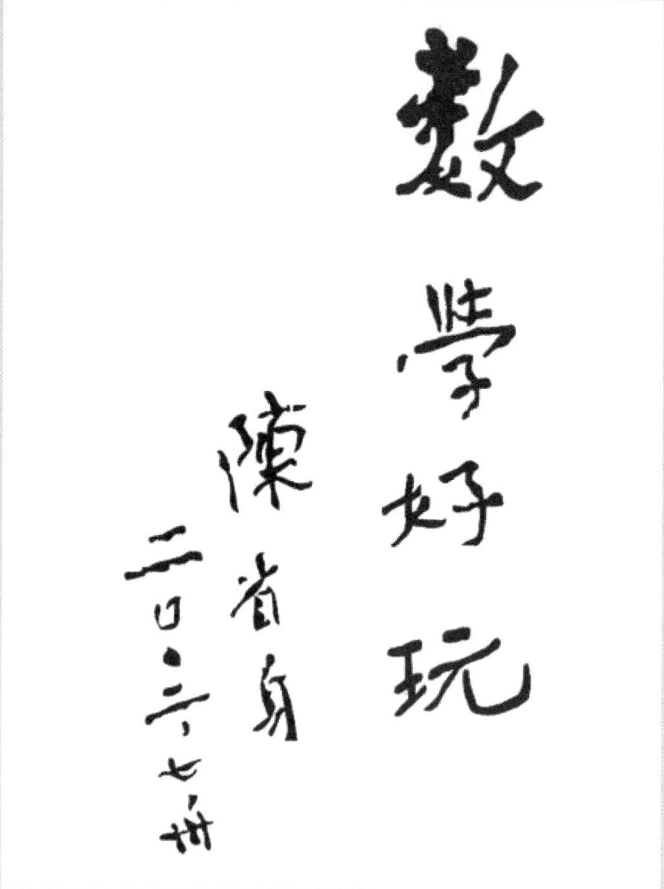

陈省身给孩子们题写的“数学好玩”

得以侧身坐在台阶上听讲。早在1978年，陈省身就在他著名的演讲《从三角形到流形》里，介绍过瑟斯顿的工作。几年后，瑟斯顿因几何化猜想获得了菲尔兹奖。

天津科学技术馆与当地媒体办过一次“我与数学”征文活动，陈省身应邀题词说：“数学使问题简单化，科学简单化。”

化繁为简，直截了当，是陈省身的做事风格。曾有位官员到访，大谈基础研究的重要性，陈省身坦率地问：“你现在是不是就可以拨一笔经费支持数学研究？”

陈省身也有公开动怒的时候。那是在诗词学家叶嘉莹的

1987年，首届陈省身数学奖颁奖

陈省身夫妇与华罗庚夫妇

祝寿研讨会上，一位文化名人发言过长、滔滔不绝，并有自吹自擂的嫌疑。陈省身打断他："你是不是可以少讲一点了？你我都是老年人，是不是应该让青年人多讲一点？我看你就不要再说了。"

全场瞬间寂静。此人说："噢，你在批评我了。好的，我不说了，不说了。"

南开数学所举办宴会，如何安排座

位往往令人头疼。担任过所长助理的吕宏海记得，陈省身夫妇用简单的数字解决了问题：事先给每桌编号，由陈太太捧着一个盒子，里面放着写有数字的纸条。每位客人到来抽取一张纸条，对号入座，皆大欢喜。就这样，轻而易举地把官场的事情挡在了学术的门外。

有几年，美国斯隆研究奖数学领域的评奖人就是陈省身和莫泽二人。两个人吃顿饭，一商量，就定了。他们只看得奖人的水平。香港查济民家族的“求是科技基金会”，陈省身是六位顾问之一。求是杰出青年学者奖一年奖励五个数学家，陈省身找了几位数学家跟他一起提名。他说，基金会是私人机构，运作上可较灵活，他本人也不喜欢复杂的手续。评奖的指导思想就是他说的：“相信这群学者中，有多数将（成）为未来中国科学的领袖。”

“他办事非常民主，确定名单前，反复征求大家的意见。”张恭庆说，“看得奖者的名单和中国数学界现状，真是离陈先生当年初衷不远。”

05 最后的定理

最后一次迁徙

在千禧年到来之际，陈省身完成了人生的又一次迁徙——这一次是永久的。他离开了美国加州那栋俯瞰太平洋的舒适住宅，搬到了大洋对岸南开大学校园里。

20 世纪 80 年代，南开大学建了一栋二层小楼，作为陈省身的长期居所和会客场所。他在中美之间往返，每年有两个月住在这里。宁园是这个小楼的名称，因为主人渴望宁静，并且暗合陈夫人郑士宁的名字。

这最后一次迁徙在 1999 年得以实现。那时陈省身已因脊椎压缩，以轮椅代步，但他和夫人仍然告别了子女，回到了祖国。“他回国不是为了安度晚年，而是为了在这里再创一番事业。他的中学、大学都是在天津念的，这里有一份亲情。”朱经武解释，“因此，虽然很希望离他近一些，但他很有意要回南开，我们就要尊重他的意思。我想对他最好的孝顺，就是尊重他做的事情。”

2000 年 1 月，天津市授予陈省身永久居留资格。他有一次问别人，天津 60 岁以上、100 岁以上的人有多少，又问 90 岁以上的人有多少，然后说：“我也算是其中的一位啦。”

宁园进门处，迎面就是陈省身手书的“几何之家”大字。在这里出现最多的是几何学家，谈论最多的是几何。大科学家杨振宁、林家翘、彭桓武、吴文俊等也都曾在此留宿。

宁园的客厅没有沙发，只有木椅，以及一面黑板。这是陈省身的主意，他认为坐在软沙发上，容易在一些没有意义的话题上浪费时间。

宁园的客厅兼教室

陈省身回国之后的某一天，一个陌生的晚辈找上门来，拿着一张老照片。他认出照片里的人是自己少年时的邻居、母亲的朋友。这位邻居家的二女儿还在世，她的姐姐是陈省身少年时代的玩伴。二女儿从报纸上读到陈省身定居的消息，试着与他联系。陈省身立即将她请来。他们不时叙旧，陈省身还在经济上帮助她，并且每到春节，就周到地将一笔钱寄给这家的晚辈。

天津以拥有这位数学大师为荣。自 20 世纪 30 年代离开后，这个游子已有六十多年没在海河边长期居留了。陈省身日常穿天津产的“老美华”牌中式布鞋。能为这位世界级科学家制作布鞋，令这个本地品牌极感荣耀。

2002 年，陈省身送亲友的新年贺卡是他的近照，背面印着他写的诗，有中英文两个版本。“畴算吸引离世远，垂老还乡亦自欢。回首当年旧游地，一生得失已惘然。”

除了腿脚不便，陈省身自豪的是自己的听力和视力都正常，心脏和血压也没问题。他血糖偏高，需要少吃甜食，而他又是甜食爱好者。2000 年，王诗宬在德国访问，收到张伟平的邮件，说陈先生很思念他留法时吃的一种蜜饯“马洪格拉塞”，那是法式糖渍栗子。此后，他就留心这种蜜饯，以便给陈省身带回。

陈省身向不同的人解释，自己学数学的原因之一是“百米跑不过女生”；长寿秘诀之一则是“爱吃肥肉”。他喜欢带人们去搜寻天津的各种餐厅，就像他从前在汉堡和伯克利所做的那样。他对来拜年的市长说，天津要创新的名牌，也要恢复过去的名牌。“比如，现在的糖炒栗子，就没我小时候的好吃。”

据沈琴婉回忆，陈省身曾煞有介事地告诉别人怎么做鱼翅，听上去颇有说服力。可是，“关于做饭，陈师母曾嘲笑他只会下面条”。

陈省身认为自己的一个优点是，“和许多人都谈得来，而且一下就搞熟了”。这些人从国家元首到建筑工人和餐馆厨师。他对身边人形容自己是“走江湖的”。某次送走客人，他跟护工李全乐说：“你看我当个外交家没问题吧？”

李全乐答：“绝对没问题，您走南闯北，您是老江湖了。”

在不同年代、不同国家与陈省身结识的朋友们有一个共同的感受，那就是他总能轻松地与厨师、服务生、餐馆老板交上朋友。到同一家餐馆吃饭，他能得到特别的招待，或以同等费用点到更好的菜。对他们来说，他的这门学问比数学还难学。

尼伦伯格对此念念不忘。1980 年，北京微分方程和微分几何国际讨论会期间，陈省身带他们去前门吃饭。尼伦伯格说，他这辈子都没吃过这么好吃的菜。过几天，他带了别人去吃，明明去了同一个地方，却感觉味道变了。

点菜是陈省身生平得意之事。张伟平在伯克利做博士后时，陈省身跟他开玩笑说："张伟平，数学，我不知道你能从我这里学到多少；吃，你要好好学学。"

他的点菜本领也用在了发展数学上。举办学术会议时，为了省钱，他亲自点菜，确保菜量不多不少。他也巧妙地利用自己的影响力与出版社讨价还价，为南开大学数学图书馆争取优惠。

2001 年，南开大学为陈省身举办 90 岁寿宴

在“几何之家”，陈省身有时会打打麻将消遣，凑不够四人就打三人麻将。无人陪伴时，他会玩一种一个人的纸牌游戏。不过，他生活十分自律，即使是晚饭后打起麻将，也要在晚上10点前入睡，决不恋战。

吴文俊某次讲学后夜宿于此。夜里，吴文俊和张伟平——陈省身的两个年龄相差45岁的得意门生，开始放映日本电影《乱》。

《乱》有两张碟片，第一张放完已过午夜。张伟平询问是否继续。吴文俊大手一挥：“当然干到底！”

而在楼上，老师雷打不动地捍卫了他的睡眠。

四个难题与一个打击

作为陈省身的秘书，沈琴婉每天下午去宁园帮忙整理文件。她看到，陈省身每天都要工作，身边“堆满了各种各样的书籍、论文和草稿”。

尽管多次告诉别人，“21世纪和我没关系”，但是在进入21世纪后，陈省身又提出了雄心勃勃的工作计划。正如他80岁时在诗里说的：“人生

2001 年 10 月，陈省身在南开大学开几何公开课

曾几何？八十一瞬间。光阴微分计，临老不偷闲。”

2004 年 10 月 29 日，陈省身在南开数学所作了一次报告。前一天是他 93 岁生日，他在工作中度过，出席京津几何工作营的数学家们分享了他的生日蛋糕。报告里，他对两地数学家一口气宣布了四项研究计划：六维球面复结构、庞加莱猜想、芬斯勒几何、外微分方程。这是他过去几年一直考虑的方向。他提议，大家每三个月碰面，每次开两天会，交流进展。

“这四个方向，每一个都是要耗费一个年轻人大量时间精力来解决，甚至要花一辈子的问题。”张伟平说，“他根本就不知道自己的身体，我们谁也不知道。他看上去脑子比我们都清楚，声音比我们都洪亮。”

丘成桐认为，陈省身完成了陈—西蒙斯不变量和陈—莫泽不变量两项重要工作之后，依然活跃。他在网几何、复格拉斯曼流形上的调和映照、李球面几何等不同主题上继续发表多篇文章。“然而和他早期的不朽工作相比较，这些文章显然影响较小。”丘成桐指出，这可能是自然的，因为即使是最天赋异禀的数学家，也很少在这样的年纪作出自己最重大的贡献。

2002 年 11 月 11 日，俄罗斯数学家佩雷尔曼在数学论文预印本网站贴出了一篇 39 页的论文。陆续张贴的论文共有三篇，数学界花了几年终于认定，佩雷尔曼证明了庞加莱猜想——一个被悬赏百万美元的世纪难题。

在佩雷尔曼的论文得到验证之前，陈省身就对它们产生了兴趣。他认为，用芬斯勒几何可以更简单地证明庞加莱猜想，他开始了这样的尝试。

也是在2003年，包括天津在内，我国一些地区出现了非典型肺炎。有几个月，陈省身被严密地“保护”起来，停止一切会客。

这段时间，他试着去解决六维球面复结构这个半个世纪以来的难题。他凌晨5点多钟起床，有时半夜醒来也接着演算。他常常是觉得对了，过了一天又觉得有问题。有一次，葛墨林到陈省身家，见他正与一位年轻教授争论这个问题，谁也无法说服对方。“我怕陈先生太激动，影响身体，就中止了他们的争论。”

数学家们担心这些难题会伤害陈省身的健康。彭家贵告诉过陈省身的生活秘书兼司机胡德岭，陈先生不应该做这个问题，这是年轻人做的事。

搬到宁园不久，陈省身失去了人生的重要支柱。2000年1月12日，他因感冒到医院输液。傍晚，他回到家，发现妻子仍然躺在床上，没了呼吸。医生诊断是心梗所致。

他们的婚姻已经持续了六十多年。在一篇文章里，陈省身称，妻子在他的生命和工作中扮演了重要角色。从战争时期到和平年代，他们度过了“简单而丰富”的人生。“如果说我在数学上的工作有所价值的话，那是我们共同拥有的。”

王元记得，陈省身多次说自己很幸运：“我们的婚姻很幸福，我们从来没有红过脸，我挣的钱全部交给她管，她把

1989年，陈省身夫妇与杨忠道（左）在宁园门口

整个家都包下来了，这就是运气。”

妻子离世后那段时间，他明显情绪低落。他对身边人说：“我的东西放在哪里，书啊，资料啊，照片啊，没有她，再也找不到了。”

物理学家彭桓武去看陈省身，他对这位老友说：“我们两个人都有一个共同的状况，你的太太去世多年，士宁也去世了。我现在感到很孤单。”在场的葛墨林注意到，“他说话时，那种怅然的眼神，是我从未见过的”。

师母去世次日，张伟平去宁园，见到陈先生的眼泪在眼眶中打转，但他强忍着不让它掉下来。他告诉张伟平："我目前就做好两件事，一个是要办好国际数学家大会，第二是要办好南开数学研究所。"

数学家的"奥运会"

国际数学家大会是陈省身振兴中国数学的关键一步。1993 年 5 月，陈省身和弟子丘成桐在受江泽民接见时，首次建议我国在 20 世纪末或 21 世纪初举办一次国际数学家大会。此前这一大会从未在发展中国家举行。

数学家的"奥运会"，比运动员的奥运会更早确定在北京举行。1998 年，国际数学联盟决定，将 2002 年国际数学家大会主办权授予北京。陈省身担任了大会名誉主席。

与改革开放之初相比，此时中国数学有了很大进步。

1989 年 10 月 9 日，在中国数学会第二届陈省身数学奖颁奖典礼上，陈省身说，前两次的得奖人都达到了国际水平，在国际上得同样性质的奖也毫无愧色。

他在这次讲话中谈到，自己年轻时在一本数学著作里看到被引用的唯一一篇中国论文就是他的老师孙光远的文章。"那种情形之下也许有点自卑感。现在我想不是自卑感，中华民族的数学能力不需要再证明了，完全明显了。”

在南开数学所之外，陈省身希望，国内能出现更多的数学所。在他建议下，西安交通大学设立了应用数学中心。1992年，他谈过如何使中国数学在21世纪占有若干方面的优势——“具体一些讲，就是要在国内办十个够世界水平的、第一流的数学研究院”。

在1997年的一篇文章里，他再次提到了数学所的数量。

“中国人的数学能力是不容怀疑的。中国将成数学大国，我觉得也是不争的事实，可能时间会有迟早而已。……几年前我曾提议强化十个重点大学的数学所。这个计划当为目前

2000年10月，陈省身与时任国际数学联盟主席帕里斯在一起

发展数学最重要的措施，但个数可能要添加三五个。”

2000年，陈省身一边承受着丧妻之痛，一边为国际数学家大会做着各种准备。10月，他在南开大学举办了一个有关代数拓扑和代数几何的国际会议，这次会议也是为了纪念他已故的朋友、华人数学家周炜良和陈国才。

通过这次会议，他希望我国领导人与国际数学联盟直接就国际数学家大会的举办进行沟通。他展示了政治天赋：除了众多该领域的数学家，他给国际数学联盟主席帕里斯也写了邀请信。

“在邀请信中，陈先生在最后写了一句，我和江主席是好朋友，其他没有多说。帕里斯看过信后，就来参加大会了。”张伟平说。

开会期间，陈省身希望请江泽民会见阿蒂亚、帕里斯、格里菲思等人，讨论国际数学家大会事宜。校方得到通知称，同期召开中共十五届五中全会，江泽民没有时间。

胡国定紧急与北京联系。2000年10月12日凌晨，南开大学接到通知，说江泽民同意当天会见，地点是在北京中南海。

而早在1985年，上海举行中国数学会五十周年庆典时，江泽民就与陈省身会过面。

2000年这次会见时，帕里斯邀请江泽民出席2002年国际数学家大会。

张伟平认为，这次会见为国际数学家大会的召开“铺平了道路”，很多筹办事宜都更加顺利。

北京国际数学家大会前，《美国数学会通报》发表了陈省身的一篇短文。他告诉同行：“我现在已在我的母校天津南开大学舒适地安顿下来。……我代表中国的数学界，欢迎世界各地的同行前来参加北京的国际数学家大会。”

2002年8月20日，第二十四届国际数学家大会在人民大会堂开幕。江泽民如约出席。坐在轮椅里的陈省身发言时，江泽民探身为他调整话筒——这个动作，让中外科学界看到了中国领导人对科学的尊重。

陈省身对着话筒说：“中国在现代数学领域还有很长的路要走。在最近几届国际数学奥林匹克竞赛中，中国一直保持着很好的成绩。中国已经从基础抓起，而且拥有数量的优势。2002年国际数学家大会很有希望成为中国现代数学发展史上的一个里程碑。”

第二年初，华北就出现了非典型肺炎。陈省身对胡德岭说：“小胡，我们很幸运。如果在今年，我们就开不成会了。我们有这个运气，中国也有这个运气。”

一直以来，姜伯驹将陈省身视为“中国数学界改革开放的精神领袖”。他认为，陈省身的努力，“将中国数学与国

1987年5月5日，陈省身执教五十周年宴会上（左起依次为陈省身、张恭庆、杨乐、王元）

际数学的距离缩短了至少十年”。

“他不懈地为数学争取稳定的经费支持，为数学家争取改善工作环境；展望中国数学的前景，提出‘21世纪数学大国’的奋斗目标；促进数学天元基金的诞生，以解决数学有别于其他学科的特殊需要；同心协力，成功地申请和举办国际数学家大会。”姜伯驹在一篇文章里指出，“如果回顾一下我们这些年来都忙了些什么、做好了哪些，就会发现很多事情是陈先生的创意，并且亲自争取到国家领导的支持而得以实现的。”

1992 年，陈省身与吴大猷、杨振宁、吴大任、母国光等在一起

他强调，陈省身受人爱戴，是因他“得道多助”且乐于助人，并非仅仅因为他的学术地位。

北京国际数学家大会上，田刚成为一小时报告人，大会上作 45 分钟报告的中国数学家也是历史上最多的。这成为中国成为数学大国的一个重要标志。

也是在这一年，《数学年刊》刊发了 1949 年之后第一篇完全由中国大陆数学家在国内完成的论文，作者是南开数学所的数学家龙以明和朱朝锋。六十多年前，这份期刊介绍的第一项来自中国的成果正是陈省身作出的。

数学没有诺贝尔奖是幸事

陈省身在北京国际数学家大会的开幕式上谈及奥林匹克数学竞赛，并非他第一次在公开场合谈及。1989 年，陈省身奖颁奖典礼上，他提到，这一年国际数学竞赛，中国孩子得了第一名，这是“很光荣”的事情。公布的一道试题，他自己也不会做。“我想我们应该继续培养这些年轻人，使得他们其中有一部分能够成为数学家。也许十年后，在数学上中国因为在中国本土的工作可以得菲尔兹奖。”

不过，他也强调：“不一定把这种竞赛看得太重要。英国当年牛津剑桥的数学比赛，也是很难的题目。据统计，以

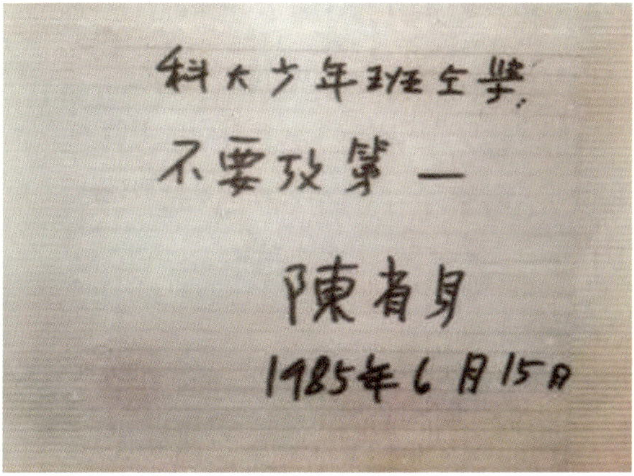

1985 年，陈省身给中科大少年班题词“不要考第一”

后有成就的数学家，很少是数学竞赛考第一的，唯一的例外是麦克斯韦尔。”

1985 年，陈省身给中国科技大学少年班题词“不要考第一”。中国科学院院士林群认为，在社会上对少年英雄炒得风风火火之时，这句话有如石破天惊，又像是吹起一阵凉风。

陈省身鼓励中国的年轻数学家像法国的布尔巴基学派那样闯出新的天地。“我深切地了解科学家稍微有点虚名就忙得不得了。虚名涨高，数学退步，精力又差，没有什么用处，越来越没用处。

所以年轻人要靠自己，自己来组织，自己来找题目，自己来讨论。”

作为一位获奖无数、当选多国院士的数学家，陈省身多次指出，数学没有诺贝尔奖是幸事。他还告诫门下弟子，不要在乎当不当院士，关键是要做好的数学。

他与希策布鲁赫编过一本书，里面写道：“数学中没有诺贝尔奖，这也许是一件好事。诺贝尔奖太引人注目，会使数学家无法专注于自己的研究。”

另一次，陈省身形容：“这是一片安静的天地；没有大

2002 年 12 月，陈省身给学生讲芬斯勒几何

奖，也是一个平等世界。整个说来，诺贝尔奖不来，我觉得是数学的幸事。”

根据王元的回忆，陈省身总是告诫大家，不要把奖看得太重。他多次说：“一个奖是否重要主要看得奖人。由于量子力学的一些创始人得了诺贝尔物理学奖，所以诺贝尔物理学奖很重要。其他的诺贝尔奖的影响就没有那么大了。菲尔兹奖原来是奖励年轻人的一个奖，因为有许多杰出的数学家得了奖，所以就显得很重要了。”

他也对自己的生活秘书胡德岭讲过，一个人一旦在学术上有所成就，往往被安排太多官场上的事情，没有时间来做学问。做学问时就要安静，甚至电话都不要接，不能打断思路。

1999 年求是科技基金会主办的求是奖颁奖典礼上，陈省身说：“今天坐在前排的几位都是得奖人，都是得到光荣的人，我们对你们寄予很大的希望。后面的大多数人没有得奖。不过我安慰大家，没有得过奖不要紧，没得奖也可以做工作。我想我在得到学位之前也没有得过奖。得不得奖不是一个很重要的因素。”

他还说，黎曼当年就没有获奖。黎曼关于“曲率张量”的伟大工作，向法兰西科学院申请奖，就没有得到，“因为科学院的人看不懂，就没有给他”。

“我趁此劝大家欣赏数学的美，减少竞争心理。”他说。

1854年，黎曼写出用来申请教职的著名论文《论几何学的基础假设》。这篇论文只有6页，全文只有一个公式。陈省身喜欢向人说起这篇论文的另外一面：黎曼的一位门生曾有机会看到手稿，发现黎曼为这篇论文整整计算了40页。

“如果有一个数学家告诉你，他有很伟大的直觉，是天才，你千万不要相信。”陈省身提醒学生注意到天才背后的努力。

麦克阿瑟天才奖设立后，有人提名了陈省身。韦伊担任评委，他高度赞扬了陈省身的成就，但他未得奖。事后，他告诉陈省身，有人问这个奖给不给陈省身有什么影响，韦伊说：根本没有影响，不给他，他也会这样做数学。

“得到这一奖金对获奖者有什么作用？”

韦伊诚实地写道：“Absolutely not（绝对没有）！”

“司马迁是怎么死的？”

陈省身一篇自传写到结尾处，他感慨：“平生中外师友，有不少比我能力高者，结果成就或不如我。我得力于吾国两句平常成语自励，即‘日新日日新’的精神和登峰造极的追求。问题选重要的做，虽大多无成，失败远多于成功，而所得已稍足自慰。”

陈省身

“他经常问我，为什么你们什么课都要教给学生？不能让学生里能干的人自己讲吗？你们再同他们讨论。我说学生们还需要培养。他说，你们为什么爱用‘培养’这个词？其实真正好的学生不用教，差的学生教也教不好，主要靠学生自己。人才不是‘培养’出来的，是靠努力、灵感、机遇冒出来的。”葛墨林回忆。

台湾清华大学一位教授提问陈省身，如何选取研究方向。他答道：“选择科目与方向是很难决定的，中间有很多是靠机会。我的建议是，要有广博的知识，不要只念自己本身科目的东西，不管有无相关，都能尽量吸收，了解的范围愈广，作正确决定的可能性就愈增加。”同场的杨振宁提出了类似建议：把“天线”放长一些。

陈省身显然将“天线”放得很长。他喜欢杜甫、陶渊明和李商隐的诗歌，也偶尔作诗，虽然据郑士宁所述，她父亲曾评价他是打油诗水平，劝他还是好好做数学。

陈省身与人们讨论《康熙王朝》之类的历史剧集，也会给人讲解金庸武侠小说改编的影视剧。他一直都是武侠小说迷，收藏了金庸的全套作品。

在小说《天龙八部》附录里，有一封旅美文学评论家陈世骧的信，其中描绘了陈世骧与陈省身、杨联陞等朋友“聚谈”这部小说的情形。

陈省身总对历史上的一些事情好奇：宋朝和元朝时，中国数学发展得那么快，是否有外国人，比如阿拉伯人的影响？秦九韶在《数书九章》的序言里说得到“异人传授”，是什么意思？

受历史学家孟森作品的启发，陈省身写过一篇关于清朝孝庄太后的文章，1997年发表在台湾的杂志上，《天津日报》也曾刊发此文。“她建立了清中叶150年繁荣的基础。不动声色，成此大业。”

民间有孝庄太后下嫁她丈夫的弟弟多尔衮的猜测，陈省身认为是无稽之谈，后来读了一些资料，观点又有所动摇。他曾计划去实地考察孝庄的陵墓。对两千多年前的历史学家司马迁之死，他也很有兴趣。这位《史记》作者的死因，并无历史记载。陈省身怀疑他死于汉武帝之手，这是他依据《汉书》所推测的。

2002年国际数学家大会期间，他有一次被记者们围住，超出预定时间仍无法脱身。同事们在一旁着急，陈省身以他的幽默和历史爱好解了围。

他对记者们说：“我提一个历史上的问题，如果你们回答出来，我就继续回答问题，如果你们回答不出，采访就到此为止。”

“司马迁是怎么死的？”

记者们面面相觑。他从容离场。

衣柜里有两身病号服

对于父亲像摇滚巨星那样受人欢迎，陈伯龙一直难以理解。他目睹过陈省身在香港演讲时的盛况。讲座过后，学生们争先恐后将他包围，索要签名。

“摇滚巨星”是加州大学伯克利分校一位名叫苏菲的职员用来形容陈省身的。苏菲在天津机场偶遇一群人在接机，以为来的是摇滚巨星或电影明星，可当那人坐着轮椅现身，她发现竟是陈省身教授。

对于子女来说，陈省身是那个热爱全世界的美食、喜欢“奶酪越臭越好”、点菜比别人更为拿手的父亲。

陈璞从物理系毕业后，取得经济学博士学位，办过银行。她说：“他在家里的时候，其实对小孩都是很放纵的。他觉得没有必要给孩子们管制，让我们自由发展。”

她认为，因为陈省身小时候就没有人约束，自由自在地成长，结果“做得不错”，所以他后来对子女也是如此。

她甚至不记得陈省身在家里发火的时候。她有一次被父亲打手心，但“一点都不疼”。她告诉他，可以再打得稍微疼一点，否则没有用。

“他是一位慈父，对我们一点也不严厉，但他有原则。什么是对的，什么不对，都有原则。父亲不‘教’，而是‘做’，他以身作则。”陈璞说，有时候跟父亲谈完一件事情，他不会立即表示意见——这表示他需要想一想。“他常常在晚上想，第二天吃早饭，他就把晚上想出来的跟我们讲，嘱咐我们要怎样小心，怎样考虑事情。”

朱经武记得，决定结婚之前，他去找岳父谈，岳父跟他说的第一句话是“儿孙自有儿孙福”。陈省身还逗他说，他们可以生八个小孩，名字从“朱一戒”一直取到“朱八戒”。

朱经武说，他教育孩子们好好学习，但也说过要随着兴趣走，并不是一定要读书才好。“他有很多‘谬论’，和别人想法不一样的。他自己一生里做的事情都是跟别人不一样的。他就觉得人应该从框框里跳出来，做一些别人没想过的事情。”他认为，在这一点上，岳父对自己有很大的影响。陈省身总是鼓励女婿，不要跟在别人的后头“赶鸭子”，创立自己新的领域远远比跟着人家走更有意义。

朱经武和陈璞的儿子学土木，女儿学医学，陈省身都支持。他并未要求任何家庭成员继承自己的数学事业。他只是在为女儿取名时，寄托了一点数学元素。

“他从来不暗示我，他想让我成为什么人。”陈伯龙说。

很多时候，陈省身跟一个普通的老人没有什么不同：孙女在伯克利求学时，号称“无为而治”的他有段时间“一天到晚”打电话提醒朱经武，“你的女儿不得了，要把头发剃光”。朱经武说：“后来我们见到，只是短一点而已啊。”

从父亲那里，陈璞得到的最深印象是：“他对每个人都很好。他看人的时候就是看你这个人，并不是看你穿什么衣服、去什么地方玩、有钱没有钱。他对每一个人都很公平，尊敬每一个人。”

2000 年，陈省身坐上轮椅，南开数学所通过天津市护理学会寻找两名护工照顾他。

被选中的是李全乐和蔡庆延，他们都曾是下岗工人。

面试时，他们才听说，服务对象是陈省身。李全乐完全没听过这个名字。二人骑着自行车返回的路上，蔡庆延说：“陈省身，这不是个挺大的数学家嘛！”

这两位护工服务过很多老人，不过，在他们看来，如果说陈省身与别人有什么区别，就在于护理他要省事得多，因为他从不挑剔。

某次天津一位副市长约好去拜访陈省身，护工蔡庆延记错了会面时间。他道歉，陈省身安慰他：“以后多注意就是了。”

他们发现，当陈省身会见大人物的时候，只要他往那儿一坐，“那些大人物在他面前也不怎么大了”。在普通人面前，他又像个普通老人，跟谁都聊得来。

“陈先生好像是块磁铁，他有一种吸引力。”蔡庆延说。

护工们清楚陈省身的晚年生活模式。他通常在早晨6点半到7点之间起床，8点左右吃早饭，午饭是12点，然后午休到14点。晚饭通常在下午6点半。晚饭过后，他有时看一会儿电视，多是学生张伟平为他找来的影视剧碟片。他在

陈省身给南开大学校报题字

晚上9点到10点之间入睡。这位美食家平时对饮食并不挑剔。李全乐不记得他提过想吃什么菜的要求，做什么他就吃什么。他崇尚节俭，会坚持从饭店打包剩菜，要么就对一起用餐的人说："你努努力，把它都消灭了。"

有一次，他要用笔，李全乐找到一支，顺便在一个空白的旧信封上画了几道，想确认是否还能使用。李全乐因此罕见地挨了批评："你这不是浪费吗？"

陈省身的衣柜里甚至有两身病号服。那是一次住院时发的，出院后他直接带回了家，当作睡衣来穿。

2004年9月，陈省身去香港领取首届邵逸夫奖之前，人们发现他衣柜里的衣服都招了虫子。他第一次定做了一身中档西装。他穿着新西装，系着旧领带，穿着女婿的皮鞋上了颁奖台。那双鞋不算合脚，事后换鞋，家人才发现有些挤脚。

宁园自建成以后，除了安装一部电梯，一直没有翻修。校方劝了多次，陈省身孩子气地拒绝，令人无法再劝："要修你们修，修好我要把它烧掉。"2003年，趁他去外地，学校对宁园内部进行了简单粉刷。

一个老人最后的冲刺

2004年夏天，沈琴婉到昆明出差，用相机将滇池大观楼上一副对联拍了下来。滇池是陈省身在西南联大任教时的旧游之地。陈省身看到对联照片后，他默写了一遍那“天下第一联”。一百八十个字，每一个字都准确。而这并不是他的记忆力第一次让身边人震惊。2001 年，他参观浙江兰亭，默写了东晋书法家王羲之的《兰亭集序》。三百二十四个字，只有三字之差。

2004 年，陈省身 93 岁。他随身的口袋总放着笔——因为睡觉的时候也想数学，早晨醒来后，害怕忘记，需要赶紧记下。陷入沉思时，他坐着一动不动，两眼盯着一个方向——有时是天花板。此时，身边人就知道他在思考，不去打扰。

在宁园，他的书桌无人整理，散乱地放着书籍和纸笔。别人不敢去动，担心整理后会导致他找不到想要的东西。

为了迎接 2004 年，陈省身设计了一本挂历，自费出资两万元印制，送给朋友和孩子们。封面上，他用毛笔写了四个大字：“数学之美”。

月历共有 12 页，每页介绍数学的重要方面，如圆周率、麦克斯韦方程等，以及重要的数学家。陈省身手绘了一些草图，也给许多学者分配了任务，再根据他们提供的素材删改、定稿。

他尽量使用孩子般的口吻，比如，用这样一句话介绍复数：“复数系统在科学上的作用可大了。没有复数，便没有

《数学之美》挂历

电磁学，便没有量子力学，便没有近代文明！数学的伟大是不可想象的。”

此前他为台湾一份杂志撰文介绍几位女数学家时，也用过一样的说法来形容复数。而这一次，为了这一句话，他三次请葛墨林查阅杨振宁的文章，并催他给杨振宁打电话确认。

挂历封面，是南开数学所新大楼的设计图。大楼正在施工，它是陈省身一项宏大规划的载体。在书房里，他也摆了大楼模型。

2001 年的一个早晨，陈省身吃早饭时问胡国定，是否可能盖一个新的数学大楼。胡国定不明白，不是已经有一个大楼了吗？

陈省身缓缓地说出他的想法。他说，中国离数学强国还有相当一段距离。要缩小这段距离，需要像哥廷根、普林斯顿那样建立一个世界数学的交流中心。吸引更多世界级数学家来南开，现在的设施是不够的。应该建一个世界一流水准的、“100 年不落后”的国际数学研究中心。当国家经济进一步发展，甚至可以支付和国外相同数目的薪金，请数学家们来南开大学作研究。只有当中国能够吸引世界上最优秀的数学家前来工作的时候，数学强国的理想才能实现。

胡国定大受震动。他说，陈省身在过去二十多年里可以说是“马不停蹄”。中国大体成为数学大国了，所有人都认为他可以休整一段时间，但他已在思考下一步如何将中国提升至数学强国。

陈省身的新设想得到了国家的支持。中央拨款1亿多元来支持这个项目。

“上级要我们拿出新大楼的计划时，我们还什么都没有准备。”胡国定回忆。

南开大学紧急编制了规划。“陈先生强调必须务实，为世界数学交流活动所必需的设备，要求结实耐用，不能马虎；但切忌豪华。所以国家计委批复我们提出新大楼的计划时，不仅没有削减其中任何项目，相反还主动提出了原来没有的几个新项目。”胡国定说。

在这几个新项目中，除大楼底层加建车库，其余新项目仍被陈省身以“非必要”为由建议取消。他告诉同事，数学大楼最重要的是建筑结实，要有百年以上的寿命，内部要实在，不摆阔气，不要一进去就像进了五星级宾馆。一个国家的数学水平不是装饰出来的。2003年，大楼开始施工。

跟当年兴建“谊园”一样，陈省身多次坐着轮椅、戴着安全帽出现在工地上。

他几次对承建方说：“我这个楼要能用百年，你们能保证吗？”

某次他提出去看工地，胡德岭问：“您不是去过了吗？”

“去了就不再去了？”

大楼节节拔高。“他好像看到中国离开数学强国的距离天天在缩短。”胡国定说。

2004 年 5 月，美国国家数学科学研究所的主楼也开始扩建。一年前，陈省身就接到消息，它将定名为陈省身楼（Chern Hall），以向这位创始所长致敬。他认为此事“好玩”，

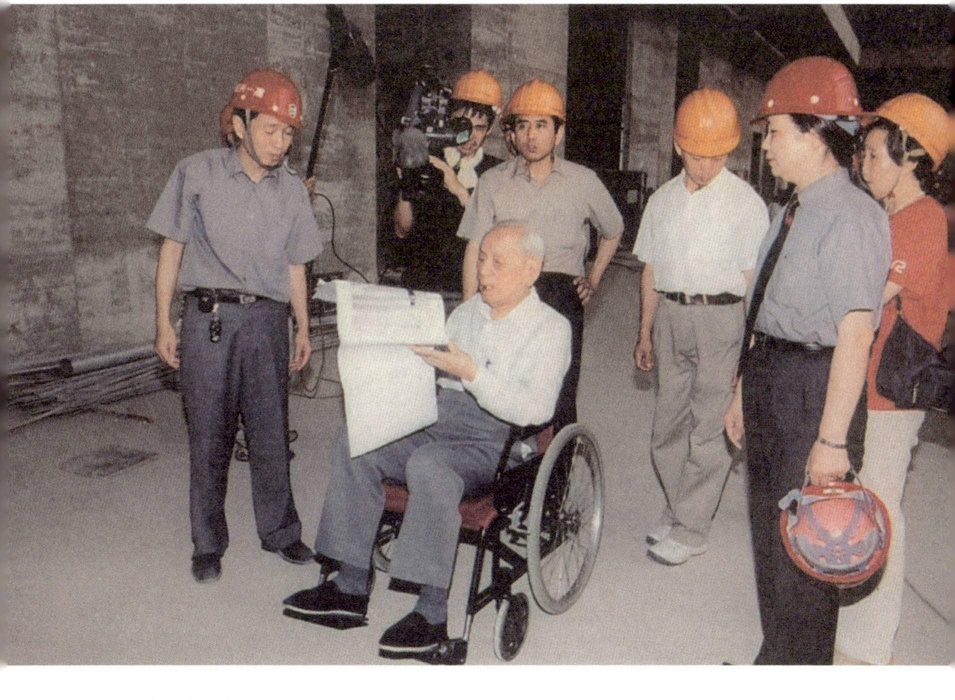

陈省身坐着轮椅察看南开数学所新大楼工地

还捐了50万美元。西蒙斯出了250万美元，建一个新的会议厅。

这一年，王元感觉陈省身的听力有所衰退。春节，他到天津给陈省身拜年。4月有近两周时间，他们到杭州参加学术活动。他陪陈省身回到嘉兴南湖泛舟——在湖边，青年数学家们举办了一个数学论坛。陈省身还回表妹家里吃了饭。

4月20日，陈省身回到母校秀州中学。一位在场者记录："学生们已在走廊上挤得密密的，争睹当代最伟大微分几何学家的风采。"期中考试刚刚结束，校方请他写一句话勉励后辈学子，他写的是："考试只是一时表现，学问最要紧。"

下一个月，王元与杨乐一起去南开大学看望了陈省身，在宁园住了一晚。9月，王元在清华大学听了陈省身的一个报告。10月，他收到天津寄来、刚出版的《陈省身传》。

王元发现，自己这一年对陈省身说话的时候，差不多每句话都要重复一遍。他猜测，要么是陈先生的听力衰退了，要么是自己中气不足了。

约翰·霍普金斯大学的数学家伯纳德·希夫曼是陈省身的学生，2004年6月，他在天津见了导师一面。陈省身告诉他，由于听力和视力衰退，他已不怎么参加南开数学所的演讲和讨论班，但会在学术活动间隙与数学家们交流。希夫曼认为，通过这种方式，陈省身延续了他保持一生的讨论数学的激情。

2004年对陈省身来说是冲刺般的一年。他给自己的日历排得很密。他不断地外出访问或者迎接访客，其中包括在9月，他穿着女婿的皮鞋赴香港领了奖金为100万美元的邵逸夫奖。

领奖时，他告诉大家自己仍在做数学，希望再过三年，在邵逸夫先生100岁时，能把自己的研究结果拿给他看。

由于邵逸夫奖，陈省身在香港实现了一次家庭聚会，多数晚辈都在，他们约定12月再聚一次。

出远门对陈省身来说并不容易。2001年，柏林工业大学授予他荣誉博士学位，他是自1946年以来获得这份荣誉的第一个数学家。西蒙打电话问他是否出席，他说医生不建议长途旅行，校方派人飞到中国送了证书。2002年，俄罗斯的罗巴切夫斯基奖章也以相似的方式颁发：先写信通知获奖人，再委托驻华使馆转交，然而由于非典型肺炎的影响，直到2003年秋季，奖章才送到陈省身手里。2003年秋季，西蒙在京津两次见到陈省身，他对陈省身“仍然有饱满的精神”印象深刻。

另一项荣誉是，2004年11月2日，在南开大学举行了一个仪式，国家天文台派人将小行星证书交给了陈省身。国际小行星中心批准将永久编号为“1998CS2”的小行星命名为“陈省身星”。陈省身认为此事“好玩”，不过“不怎么要紧”。

命名仪式上，他想起了曾在天文台工作的微分几何始祖高斯。

他告诉在场者：“把我的名字跟天上的星星联系在一起，我非常荣幸。我是研究数学的，数学历史上最伟大的数学家是高斯，他最早的工作就是小行星的研究。现在我有机会跟小行星有联系，觉得非常快乐。”

在南开大学，陈省身偶尔出席一些学术活动。2004 年 6 月，他向数学所教授龙以明要了“哈密尔顿系统与天体力学”会议的日程表，听了一些报告。11 月，他听过数学家汪徐家组织的偏微分方程研讨会，会上，他跟汪徐家争论了一番。“上百个人把我们围在中间，当着这么多人的面，我可以随便跟他争论。”汪徐家说。同月，他还出席了天津市数学会年会，本来商定只讲 5 到 10 分钟，他讲了 20 分钟，回忆起自己的老师嘉当，鼓励数学家们“淡泊名利”。

2004 年夏天，田刚去探望时，陈省身向他问起了佩雷尔曼关于庞加莱猜想的证明——那是整个数学界关注的热点，田刚则是与佩雷尔曼有过密切往来的数学家之一。陈省身还对田刚说起自己正在做的六维球面复结构的研究，也谈了南开数学所的扩建和发展计划。田刚感到，“先生的视野和思路还是这么开阔与清晰，先生关心的问题和想做的事还有那么多”。

2004年10月，沈元壤到宁园拜访陈省身。陈省身告诉他，正在等杨振宁下周来访，又谈到最近与一位阔别了七十年的朋友重聚，还展示了他们写的诗。“一点没有迹象显示他的身体快要不行了。”

那个月，杨振宁和陈省身一起出席了画家范曾一幅作品的揭幕仪式，他们正是那幅巨画的主角。画作是纪念他们的友谊以及他们在科学世界的神奇关联。

画室里挤满了人。人们急于一睹这幅作品，不料挡住了轮椅上陈省身的视线。杨振宁急得当场维持秩序，冲着人群高呼，请大家不要挡住陈先生。

前一晚，杨振宁住在宁园。“他还跟我讲他正在进行的数学研究，九十多岁了还孜孜不倦地作研究。当时我觉得他跟三四年前没有什么分别。”

朱经武在10月收到岳父的信，里面提到他想用自己的方式解决庞加莱猜想。“陈先生一直看在前面，（考虑）怎么往前走。他一直觉得他自己不会老的。”朱经武说。

2004年10月21日，同在南开大学任教的诗词学家叶嘉莹庆祝80岁生日。陈省身以一首改自唐代诗人李商隐《锦瑟》的诗送她。

在数学研究上，陈省身如李商隐另一首诗里描写的那样，

2004 年 10 月 8 日，陈省身和杨振宁的巨幅画像揭幕

“蜡炬成灰泪始干”。

2004 年 5 月 1 日，陈省身完成了论文《关于六维球面上不存在复结构》。他强调这篇论文“纪念士宁”，他的亡妻。

文末，他写了一段话：“天津是我年轻的时候生活过的地方，我现在定居在这里。我很感谢天津市政府和南开大学对我的热情关怀和支持，让我在这里生活得非常愉快。”

他起初以为自己解决了问题，并在国内外请一些数学家来帮自己检查论文。他将论文投给过国内的一份数学杂志。审稿人发现证明并不完整。他继续修改论文。护工蔡庆延看到过他用完的一摞演算纸，厚度约有 20 厘米。

六维球面上是否存在复结构？陈省身的结论是不存在。但由于证明不完善，这只是他的一个猜想。数学界有人称它为“陈的最后定理（Chern's Last Theorem）”。十多年后，他的朋友阿蒂亚也公布了一份证明，结论也是六维球面不存在复结构。但是，两位大师的证明都被发现存在漏洞。问题依然无解。

陈省身在几所大学都介绍过这项研究。一些人相信，对这个难题的执着加速了他身体的衰老，甚至伤害了他的健康。朱经武也说，他这几个月太用功，“做事情是拼着老命的”。

2004 年 11 月的一天，吴文俊去看望老师，向他获得邵逸夫奖表示祝贺。他认为陈省身看起来十分健康。他们谈了中国数学的前景，也谈了六维球问题。陈省身如往常一样健谈。“整个下午几乎是他一人在说话。”

吴文俊知道“陈先生向来轻财”。百万美

元奖金，陈省身一分不留，捐给了南开大学、清华大学、普林斯顿高等研究院、芝加哥大学、法国高等科学研究院、美国国家数学科学研究所，朱经武在休斯敦的超导中心也得到了一笔捐赠。这些机构都在陈省身一生的数学道路上有特殊意义，特别是那些国外机构，他捐款的一个愿望是，请它们更加友好地欢迎中国数学家。

那次见面当晚，吴文俊回到北京。数日后，他接到胡国定电话，说陈先生住进了医院，救治无效而逝世。

“这无异于晴天霹雳。”吴文俊立即赶往天津。

“陈省身是我的领路人，决定了我一生的工作和科学道路。”他说。

“他的学问做得最好……他的为人也最好，在国际数学界的威望还没有一个中国人能够达到。”赶去吊唁的张恭庆含泪说。

陈省身的逝世出人意料，因为朋友们普遍认为，他不像是一个正在走向生命终点的人。他每天在家里扶着栏杆练习走路，2004 年中秋节，他一边练习，一边对天津科学技术馆馆长吴凡说，等练好了腿，他要去参加中国足球队。他还说：“我没有什么大病，可以活到 100 岁。”

葛墨林最后一次与陈省身谈话，是在 2004 年 11 月 27 日。26 日他接到陈省身电话，约他次日下午 4 点去宁园谈谈。“我到达他卧室时，他和平时一样，半仰坐在躺椅上，让人给我倒了茶。”陈省身给他一本《陈省身传》，托他送给兰州大学的段一士教授。陈省身还吃了一点蛋糕，葛墨林劝他少吃，他说血糖指标正常。他嘱咐葛墨林，要请杨振宁多关注理论物理室，“振宁在清华办的中心，算是亲儿子，可南开理论室是他的干儿子”。他对张伟平担任所长的工作表示满意，嘱咐了今后注意的事项。

葛墨林记得，陈省身用了不少时间谈了心中的一些不快及今后想法。他安慰说：“您身体还很健康，那些说您能活150岁的话我是不信，可是活到期颐之年是有先例的，先不要顾虑这些事。”

陈省身则对他说：“你们都是给我宽心，人老不知道什么时候就不行了。”

11月28日，沈琴婉陪陈省身吃了晚饭。29日一早，陈省身身体不适，起不了床，精神不振。这种情况从未有过。

回国定居几年来，陈省身只住过两次医院。他一向像孩子一样不爱看医生，不参加南开大学每年的教授体检，就连校医登门为他作常规检查，他都不太情愿。除了血糖高，他几乎没有生过病，连感冒都很少有。此前他也没有心脏问题。很多人相信，他活过100岁没什么问题。

29日上午，医生上门为他作了血液检查，心肌酶数值提示，发生心梗的风险很大，血糖值也很高。大家劝他去医院，但他不肯。沈琴婉来劝他，女儿陈璞也在电话里劝。他出于“尊重女士”，同意住院，但表示最多一周。

当天下午两点左右，他住进医院。傍晚，南开大学校长、数学家侯自新去探望，他吸着氧，又谈起数学所的事务。

“他根本不谈自己的病情，”侯自新说，“他一见面就谈数学的发展。”

他们谈了两三分钟。陈省身告诉校长：“大楼并不是最重要，重要的是我们做好的数学。”

“陈先生您放心，校长都听明白了。”工作人员告诉他。

校长还没走出病房，就听到他在自言自语：“哪里有那么简单？我就是不放心。做好的数学能那么简单吗？”

当天夜里，他发生了住院后第一次心梗。医生判断，此前一天他已有过心梗，只是他感知不明显，照常工作。

11 月 25 日，他罕见地给自己的保健医生打过电话：“我去看你。”医生没检查出什么问题。29 日的心电图也显示正常。他住院后，血糖值下降，但心肌酶还在升高。

从 11 月 30 日上午开始，死神就频频试图带走他。接下来几天，心梗发生多次，医生多次抢救。他的血压数值最低降到 63。

有两天平稳期，人们以为难关已过。第四天，他就进入昏迷状态。

12 月 2 日，沈琴婉和张伟平在医院里约好，这次等他出院了，“绝对要管他”，不能让他再这么累了。

昏迷，清醒，昏迷。

2004 年 12 月 3 日，天津大雾，冷风刺骨。下午 5 点多，护工李全乐看到生命监护设备屏幕上几乎“所有的线都平了”，赶紧喊医生抢救。这天夜里，国际数学大师、现代微分几何之父陈省身停止了呼吸，时间是 19 时 14 分。

紧急赶到病床边的亲友泪如泉涌，望着一个天才的生命从医院的白床单中消失。他们向这位大师行了三鞠躬礼。

天津的连日大雾从这天夜里开始退散。葛墨林后来回忆，去太平间的路上，他们一路沉默着。迎头望着朦胧的月色，他想，陈先生可以和陈师母团聚了，如果有天国，像他们这样的好人应当在那里受到款待。

数千名南开大学学生闻讯，自发围在校园的湖边，手捧烛火，在寒夜里缅怀一颗数学巨星的陨落。学校周边商店里的蜡烛售罄。最后几年，陈省身还在这个校园里给本科生开过几何课，因为太受欢迎，校方不得不发放听课券维持秩序。

半夜，胡德岭陪着陈璞和朱经武回到校园里，看到了校园里的悼念活动。第二天，朱经武夫妇写了一封信，贴在宁园的门外，向师生表达感激之意。他们的父亲无疑在这里赢得了一位学者所能获得的最高崇敬。“大家是把他当成亲人来对待的。”陈璞说。

回忆起当晚的场景，胡德岭突然捂住双眼：“你说，我怎么能忘呢？”

他说，陈省身把“人”字写到了最高的境界，才赢得了那么多人的尊敬。

对于一个月前那颗小行星的命名，胡德岭在感情上一直

2004 年 12 月 3 日，南开大学学生自发守夜悼念陈省身教授

无法接受。他把此事称为“最坏的东西”，因为，他不希望是那颗小行星把陈省身带到天上。

南开大学连夜在图书馆搭建了灵堂，难以计数的各界人士前去吊唁。校园里挂着成排的纸鹤为陈省身送行。

朱经武夫妇遇到一对从东北地区赶来的老年夫妇。他们的孩子曾经受惠于陈省身，打越洋电话拜托父母去鞠躬送别。

当地一位最好的遗体整容师接到了为陈省身整理遗容的工作。他对媒体表示，要为自己景仰的数学大师精心地提供服务，要让他看上去像是在安睡。

陈伯龙于12月7日从波士顿赶到天津。第二天，在宁园，谈起自己的父亲，他说：“父亲为人豁达，他主张顺其自然，认为该发生的一切都会发生。他从不害怕去世，因为死亡在他看来只是生活的一部分。”

他认为，陈省身回国定居是个“正确的决定”。“父亲在南开过得很快乐，他用具体行动证明了他对中国、对南开的深情眷恋。”

陈伯龙来到在建的数学所新大楼，含泪

陈省身

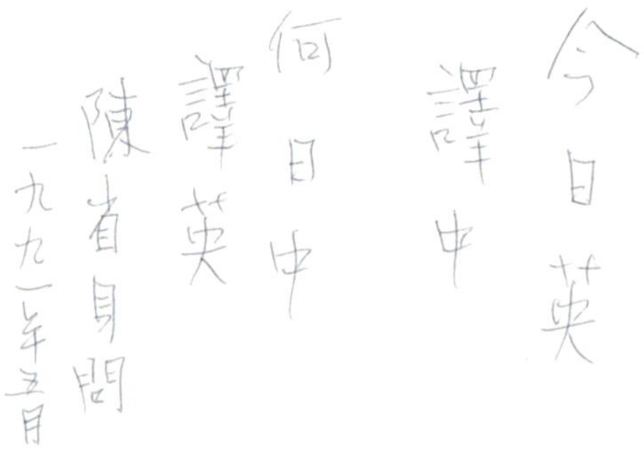

1991 年 5 月，陈省身为《数学译林》创刊十周年题词，表达他对中国数学赶上国际先进水平的期待

拍照留念。他说：“只希望父亲未竟的事业能够得到发扬，那是对父亲最好的悼念。”

陈省身对这个数学所的期待，写在1999年他补写的自传《学算六十年》的最后部分：“南开已有好几个有国际水平的年轻数学家。在国内它已是一个数学中心。希望二十年后可成为国际中心之一。可惜我不会看见了。”

“一朝数学大国日，家祭无忘告乃翁。”这一次，他改写了宋朝诗人陆游的诗句。

在这个校园，他有许多事情还没有做完。他计划编写一本《数学之美》科普书，序言已经写好。关于南开数学所，他的宏伟计划只是部分实现。更远一点，他考虑过在嘉兴再设一个数学所，在中国再举办一次国际数学家大会。

还有一些事情是私人的：在北京，王诗宬家里还有一盒“马洪格拉塞”蜜饯等着送出；在天津，陈省身大学时代的好友陈鹀还在等他履约，他们早就约定，等他过了95岁生日，他们此后就每年庆祝百岁生日，理由则是数学上的“四舍五入”；女儿从美国带回一种他爱吃的糖果，却只看到他陷入昏迷，没有机会说一句话；他们原定12月的家庭聚会失去了灵魂人物，外孙朱俊杰拜托父母留一缕外祖父的白发，要永久收藏。

很多计划都因为他的离世戛然而止。

当然，还有那艰深的六维球问题——“陈的最后定理”。

有一件事则提上日程：他很早就告诉女儿，假如自己去世，代为转达一个遗愿，那就是请数学所为两位护工保留工作机会。

两座以他命名的数学大楼正在施工，他都没来得及见到：南开数学所的新大楼在他去世后第二年投入使用，定名为“省身楼”，原本的剪彩人应该是他本人，大楼里为他预留了一间办公室。2005年，江泽民来到这座大楼视察，题写了“陈省身数学研究所”的新所名；伯克利的陈省身楼2006年完成扩建，所长大卫·埃森巴德说：“陈省身先生是20世纪数学界的顶尖人物。除了对几何学具有重大和根本意义的贡献之外，他还是世界与中国无数数学家的导师。”

让人们略感安慰的是，这位数学天才至死都没有离开过数学。在陈省身仍有意识但已说不清话的时候，他示意人们取来纸笔，半躺在床上，写了一些东西，可惜无人能识。依稀能辨认的字迹，人们猜测是“南开”。

在他弥留之际，人们听到他说：“我要走了，我要去数学的圣地——希腊报到了……”他喊出了古希腊一些伟大数学家的名字。这是他留在这个世界最后的讯息。数学界对此既感到惊讶又感到合理。

丘成桐说：“毫无疑问，他的成就堪与这些大几何学家比肩。”

五年后，国际数学联盟宣布了一个消息：继高斯奖、菲尔兹奖等四项大奖之后，设立新的数学大奖——陈省身奖。这是数学家的终身成就奖。“陈省身奖章将被授予一位其终身卓越成就得到最高级认可的数学家。”每笔奖金50万美元，四年颁发一次。奖金的三分之二由西蒙斯捐赠，三分之一来自陈省身家族。

奖章的背面，刻着高斯—博内—陈公式。

宣布设奖时，国际数学联盟解释：“陈省身教授将其毕生奉献给了数学——数学研究和数学教育，并且抓住任何机会支持数学的发展。他在现代微分几何的所有主要领域都取得了根本性成果，并且创建了整体微分几何领域。陈省身在

国际数学联盟陈省身奖章（正面）

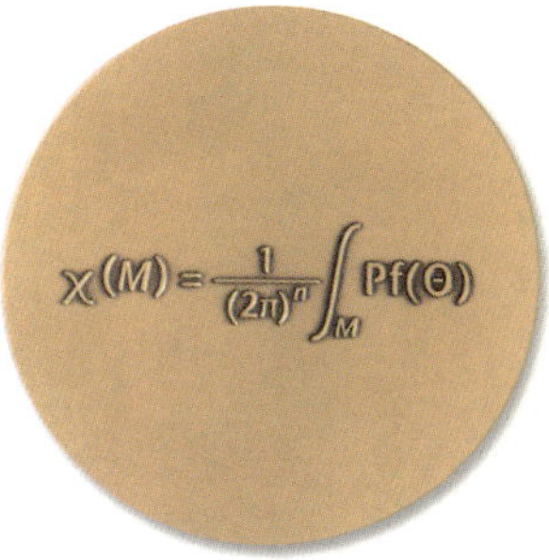

国际数学联盟陈省身奖章（背面）

南开大学省身楼

伯克利的陈省身楼

研究问题的选择上表现出了敏锐的审美品位；其工作之广泛，加深了现代微分几何与数学其他分支的联系。”

杨振宁认为，陈省身开拓了一个新的天地，从历史的眼光来看，这是最为重要的。整个20世纪，只有少数几个人才能做到。

多年以来，数学家们已经以他们的方式，一次次礼赞过陈省身的功业。他们有时用简单的“大”和“小”来形容。日本数学家、菲尔兹奖获得者广中平佑开会时遇到过张伟平，当听说对方来自陈省身创办的数学所时，他在一张纸片上写下“大人”两字，说陈省身是“大人”，然后写下“小人”两字，说自己是“小人”。陈省身的日本学生铃木治夫说，“大人”这个词，很适合陈省身。

某个新年，陈省身收到两张贺卡，来自巴黎的同一个地址：一封来自著名数学家贝尔热，一封来自范曾——原来他们住在同一座楼。相识后，贝尔热告诉这位画家：“陈省身先生是大数学家，而我只是小数

陈省身

学家。”

数学界对陈省身礼赞声势最大的一次，是在1979年6月25日到29日，为了庆祝陈省身退休，伯克利举行了五天的国际微分几何会议，三百多位来自世界各地的数学家去到那里。他们把会议称为“The Chern Symposium”（陈论坛）。那次会议，花了两年以上的时间筹备。阿蒂亚、辛格、希策布鲁赫……如此之多的微分几何学家汇聚一堂，前所未有。其中一位数学家詹姆斯·怀特写了一首诗——《为陈省身而欢呼》

向陈省身致敬！数学的伟人！
他使得高斯—博内公式家喻户晓，
他发现了内蕴的证明，
他的真理传遍了世界，
他给我们陈类，
第二不变量，
纤维丛和层，
分布和叶形！
让我们，
让我们，
向陈省身致敬！

会议中的一个环节是陈省身的学生奥斯兰德邀请所有同门集体起立，以示对导师的敬意。但是，著名几何学家博特站起来说："以这样或那样的方式来说，我们全部都是陈省身的学生。"

只要一面黑板

终其一生，数学家陈省身都在寻求一种宁静，这是他人生中首要的不变量。然而他的墓地总是人来人往。

妻子逝世后，陈省身对同事们说过，希望他们二人的骨灰将来埋在南开大学校园，不要墓碑，不要坟头，要一块黑板，供人们演习数学。

2011 年 6 月 18 日，人们看到了他墓地的样子。杨振宁也特地去见证这个时刻。

墓地在南开大学的南门一侧，校园的最佳位置，与以他名字命名的数学大楼连为一体。几米之外是一条平静无波的河流，将此处与车水马龙的街道分隔。这条河流有的河段是终日喧嚣的，流经此处则安静下来。

15 岁时，陈省身从家出发，跨过海河，路过日本人的兵营，来到天津八里台这个地方，进入几何之门。然后，他以“自动的能力”，把自己像少年时咏叹的纸鸢那样，高高放飞，绕了地球一个圆。世界天翻地覆，他又回到几何人生的原点。与他为伴的是他的妻子、他们的“第三个孩子”，以及那不朽的数学公式——他生平挚爱的一切。

这里有墓碑，但也没有墓碑。一块两米多高的汉白玉石碑，三个外侧面，分别展示三种空间形式：二维几何学中的

陈省身

平坦欧氏空间、正曲率的椭圆空间、负曲率的双曲空间。石碑正面贴有一块黑色的花岗岩——因为墓主想要一面黑板。花岗岩上刻有他的手迹，那1943年得到证明的高斯—博内—陈公式。四周，林木亭亭如盖，树下散落着许多板凳，看起来人们随时可以坐下来听课。设计师是陈省身的外孙朱俊杰，当然，灵感来自陈省身本人。旁边的大楼里，每一条走廊都有黑板。当年，他一点点绘出数学所的蓝图时设定了这一切：供人随意起坐的空间，高品质的黑板，随时开始的讨论班。

与他多年前设想的没有太大分别，陈省身，这个“只会做数学”的数学天才，把自己的墓地也变成了露天的数学教室。

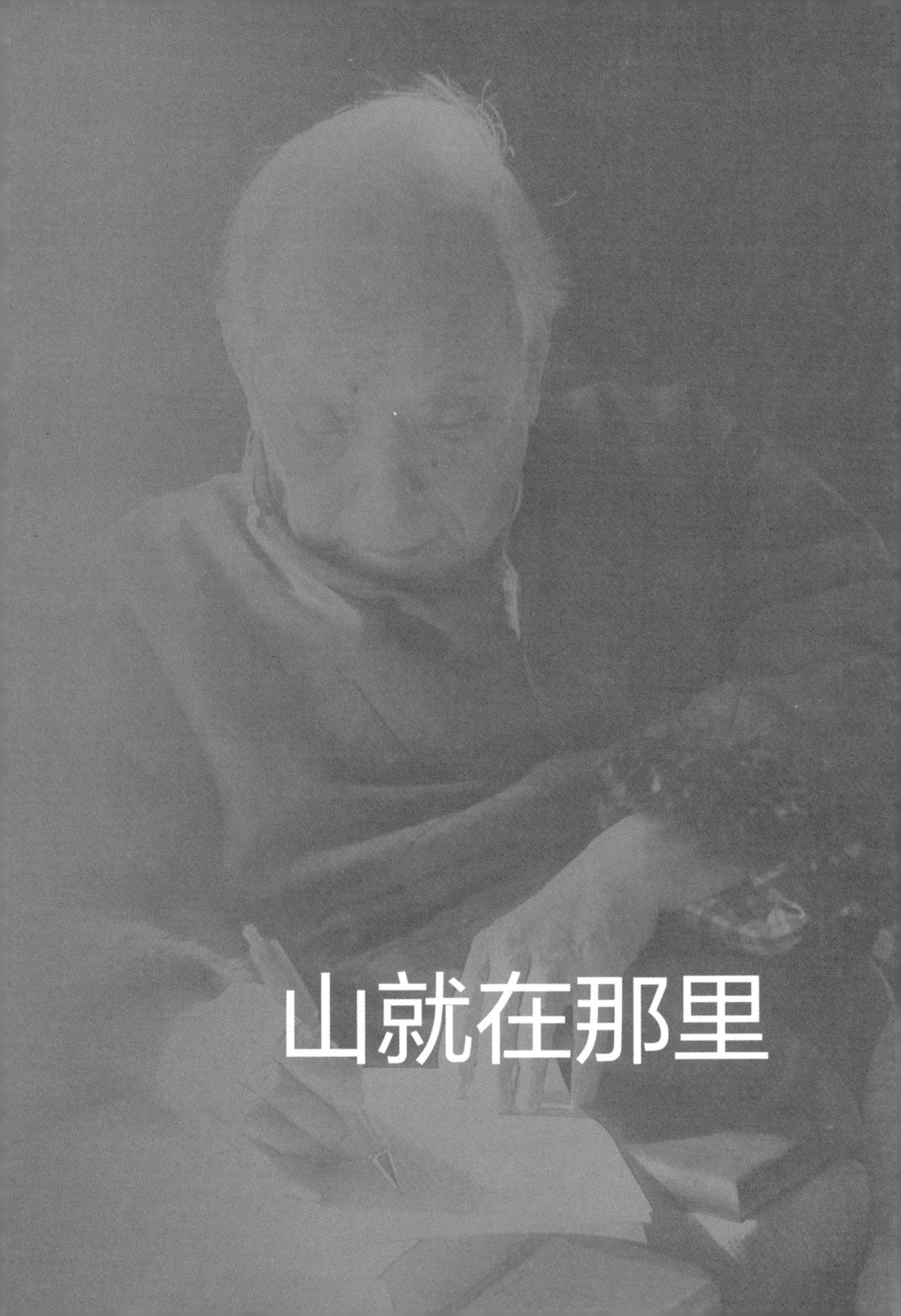
山就在那里

一直很后悔，没有更早地“认识”陈省身先生。

当然，我已足够幸运：去过他的课堂，甚至有机会以校报记者的身份去过他家。那时他 90 多岁了，无疑正在走向人生的终点。但是，在平静的南开大学校园里，他提出了许多工作计划和研究方向，每个人都认为他精力旺盛，并保持着一种罕见的童心。

当时我是一个见识很浅的学生，学的也并非数学专业。只知面前是一位大人物，却不知他在数学的世界里、在中华民族的科学史上，是那么高耸入云的一位巨人。

陈省身先生于 2004 年 12 月 3 日晚停止了心跳。在我们那几届南开学生的记忆里，他辞世前那几天的大雾，还有那个寒夜，难以计数的同学在新开湖畔捧着蜡烛为他守夜的场景，永难磨灭。

如今我只能暗悔自己“有眼无珠”。如果更早了解到这个名字，我或许会趁年轻去报考数学专业；至少，也要抓住那些听讲的机会，获得一点智慧的片段。他一头白发，坐着轮椅，在灯下一张一张翻动幻灯片的样子，仿佛仍在眼前。那可是几何学的教科书在面前缓缓打开啊！要知道，他的讲义曾奠定了一门学科的基础。

我还记得，一个校园活动上，诺贝尔物理学奖得主杨振宁教授，着急地冲人群高喊，提醒人们不要挡住轮椅上的陈先生的视线。杨教授曾在《物理》杂志及《中国青年报》同时发表一篇文章《菩萨、量子数与陈氏级》，在他眼中，陈先生是科学界一尊“大神”。

这次，天津教育出版社要出版一本讲述陈先生故事的“口袋书”，以青少年为重要受众。这使我想起，陈先生去世时，由张奠宙、王善平教授为他所著的传记刚刚付印。近20年过去了，应该有一些读物，去帮助今天的孩子认识陈省身是谁，以及为什么那么多人喜欢“陈类”。我希望自己的孩子能从小就知道有这样一位不世出的天才人物，就像世界各地的孩子们知道爱因斯坦。

多年以前，数学家张伟平教授赠我一本陈先生的小型传记，我珍藏至今。他是陈先生门下最年轻的弟子。那本小书是我对陈先生了解的开始。

这一次，我诚惶诚恐地尝试去为这“口袋书”撰稿。多年以来，由于工作的原因，我接触过陈先生的家属、弟子、朋友及身边工作人员，得以听到不同视角的叙述。比如数学家吴文俊，他身上颇有陈先生的气质，至老像个“老顽童”。他和陈先生的其他故交如丘成桐、葛墨林、杨乐等科学家，主编过《陈省身与中国数学》《陈省身与几何学的发展》等纪念文集，提供了与陈先生有关的丰富侧面。

我重读了陈先生的文集，在那些回忆文章和谈话里，他总是以一位数学家的简洁，对非凡人生的诸多事情“轻描淡写”。幸好，还有一些原始档案提供了补充：南开大学陈省身数学研究所保留了许多档案，并为本书提供了宝贵的图片；普林斯顿高等研究院谢尔比·怀特与利昂·利维档案中心里，一份 178 页的档案安静地躺在那里，记录着陈先生与这个世界顶尖学术机构的渊源。

我翻阅这一切，找出过去的录音及笔记，试着去讲陈先生的故事。

任何人尝试撰文介绍一位伟大人物，都会感到很大的压力。使我感到安慰的是，陈先生对此一向是宽容的。很多年前，南开大学的研究员龙飞为一份杂志撰写了一篇介绍陈先生的文章，并应要求请陈先生提供了封面照，杂志社变卦，将封面换为一位外国女明星的玉照。龙飞感到抱歉，但陈先生看到封面付之一笑：“她很漂亮，她是比我漂亮呀！”

陈省身年纪轻轻就名满天下，他的人生难以复制。他也曾像今天的很多年轻人一样，试着写一份自传，列明自己写过的论文和下一步计划，去寻求一个适合职业发展的位置。虽然他强调自己走上数学之路并非出于规划，但选择这条路后，他自始至终都知道该做什么。

“如果你一生能做一件很好的事，那你就不能期望更多了。”这是他留给我们的人生箴言。

弥留之际，他在病床上提到过古希腊，那几何的圣地。“择一事，终一生”，很难找到比这更好的例证。

最后，十分感谢张伟平教授百忙之中以巨大的耐心审阅文稿并提出了宝贵的意见。如果不是他的帮助，这个写作计划会半途而废。

对我们这些南开学生来说，陈省身一直都是让众多晚辈学子捧着蜡烛、流着眼泪送行的那位教授。绝大多数人永远到达不了他的高度，但是没有关系，与他曾置身同一个校园，已经是一种莫大的鼓励了——“因为山就在那里。”

阅读天津 · 群星

HOW TO READ TIANJIN

GREAT TALENTS

后记

一座城市的文化名人、历史遗迹、自然风物，是城市生命的一部分。

天津拥有600多年的建城史，既有辉煌的历史，又有广阔的发展前景，是一座古老又年轻的城市。百年中国看天津，近代天津人才辈出、群星璀璨，对天津乃至中国影响深远。

“阅读天津·群星”汇集了十册天津历史上的前辈大师的传记——严复、梁启超、张伯苓、李叔同、周叔弢、杨石先、曹禺、陈省身、孙犁、马三立，他们在思想、教育、艺术、实业、科技、文学等不同领域，反映了天津城市精神的高度和深度。

当梁启超在饮冰室伏案疾书，笔毫轻柔，却策动轰轰烈烈的护国运动；当张伯苓在南开大学始业式上提出“爱国三问”，话语平实，却激荡全国学子自强图存的爱国情怀；当陈省身坐在轮椅上为本科生讲授微积分，满头银发，却思维敏锐地点拨着中国数学的未来人才；当马三立上台三两句话就引得众人捧腹大笑，轻声细语，却道出老百姓的喜怒哀乐和生活精髓……

“阅读天津”系列丛书的策划、创作、出版过程，凝结着众多关心热爱天津这座城市的人的心血。此前发布的“津渡”一辑以海河为切入点，让读者犹如乘舟顺水而下，遍览一部流动的城市史诗。“群星”一辑则是为十位大先生立传，也是为这座城市立传。他们在各自领域成就斐然，是天津精神的集中体现。讲述大先生的生活经历和思想轨迹，也是在讲述大先生之于当代人的意义——高山仰止，景行行止！

编辑出版“群星”的过程是我们对中华优秀传统文化进行通俗化阐释的一次尝试，旨在进一步突出天津这座城市鲜明独特的文化内涵，让更多的朋友再次发现天津的城市魅力，通过阅读天津，进一步认识天津、热爱天津。为了延续“津渡”一辑的热度，高质量出版“群星”小辑，我们约请了多位颇具创作实力的撰写者参与创作：赵白生、徐凤文、岳南、康蚂、于霁丹、韩石山、杨一丹、李扬、张国、张莉、马六甲。这些创作者中既有长期从事相关研究的学者，也有文采卓然的专业作家，还有传主的家属。各位作者从不同角度对十位大先生的人生经历进行了深入浅出的解读，通过对人物的挖掘，彰显了近现代天津独具风韵的人文精神。

最后，感谢中共天津市委宣传部为本书出版进行的谋划指导，帮助鼓励我们打造文化品牌，出版津版好书；感谢罗澍伟、谭汝为等专家学者为我们提供学术支持，修正内容细节；感谢“群星”的作者、设计师、摄影师以及每一位为本书出版付出努力的人。当然，最应该感谢的是我们的读者，正因有这些天津故事的阅读者、传播者，才有了天津文化的不竭源流。期待能够以书籍为桥梁，与广大读者一起领略“群星”闪耀的天津风采，共同见证这座古老而又年轻的城市在新的历史坐标上绽放光华。

“阅读天津”系列口袋书出版项目组

2023年11月